管理思维

7 PRINCIPLES OF TRANSFORMATIONAL LEADERSHIP

Create a Mindset of Passion
Innovation, and Growth

[美] 休 · 布兰(Hugh Blane)◎著
昝晓丽◎译

天津出版传媒集团
天津科学技术出版社

著作权合同登记号：图字 02-2019-270
7 Principles of Transformational Leadership

图书在版编目（CIP）数据

管理思维 /（美）休・布兰著；昝晓丽译. -- 天津：天津科学技术出版社，2020.4

书名原文：7 Principles of Transformational Leadership

ISBN 978-7-5576-7391-8

Ⅰ. ①管… Ⅱ. ①休… ②昝… Ⅲ. ①管理学—研究 Ⅳ. ①C93

中国版本图书馆CIP数据核字（2020）第029630号

管理思维

GUANLI SIWEI

责任编辑：方　艳

出　　版：天津出版传媒集团 / 天津科学技术出版社

地　　址：天津市西康路35号

邮政编码：300051

电　　话：（022）23332695

网　　址：www.tjkjcbs.com.cn

发　　行：新华书店经销

印　　刷：河北鹏润印刷有限公司

开本710 × 1000　1/16　印张13　字数134 000

2020 年 4 月第 1 版第 1 次印刷

定价：52.00 元

名家推荐

如果你还没读过这本书，你可能比自己意识到的更加迷茫！我们中有太多的人大部分的时间都像困在轮子里的仓鼠一样，片刻不停，没有方向。但在这本书中，作者为我们提供了一个清晰的路线图，即如何通过明确定位来专注于我们的目标，从而脱离仓鼠轮和迷雾！如果你想要一个更加充实的生活，如果你想要缩小现在的位置和期望未来的位置的差距，运用这些原则吧！

——约翰·费尔金斯（John Felkins）

戴夫·拉姆齐（Dave Ramsey）指导教练

休·布兰分享了他与企业和客户深度合作几十年的工作经验，读者得出一个共同的结论，即缺乏明确性、目标和热爱的专业所需的技能并不足以让一个人成为真正的变革型管理者。

——布莱斯·塞德尔（Bryce Seidl）

太平洋科学中心退休总裁兼首席执行官

领导力是我们做出的选择，它不仅仅是一个角色或头衔。成为一名变革型管理者既是一种特权，又是一种责任。这本书提供了一个任何人都可以通过选择成为变革型管理者的模型和框架。

——迪帕克·格温瓦尼（Deepak Goindwani）

CDK 全球产品开发副总裁

基于多年的经验，休·布兰提出了实用的提升领导力的建议。从你是谁，你想到哪里去开始，他描述和提供的例子、故事和原则为开启有效变革型领导力的旅程提供了宝贵的指导。

——杰克·马德（Jack Mudd）

普罗维登斯健康&服务（Providence Health & Services）愿景领袖、前高级副总裁

有效的领导力为组织制定战略和愿景，围绕该愿景凝聚他人力量，并确保有正确的文化和人才去执行战略目标。但是，在成为休所说的“变革型领导”之前，你自身必须有清晰的战略和愿景。休·布兰（Hugh Blane）帮助我为自己的生活制定了明确的战略和愿景，现在，这本书将帮助你实现这一目标。

——蒂莫西·切斯特（Timothy Chester）博士

佐治亚大学信息技术副总裁

目录 CONTENTS

第三章

计划原则 /65

为什么人们不喜欢做计划？很多人都认为做计划是浪费时间，只有缺乏创造力和工作热情的人才会需要计划。但是，只有能够快速、坚定地做出计划的管理者，才能改变团队成员的思维方式，提升团队潜力。

第四章

说服原则 /95

什么是说服？作为管理者，你有说服力吗？说服原则中的关键点是，为了让别人支持你的目标、承诺、优先事项和计划，你必须要先理解他人对你和你的提议的想法、感情和信念，然后再对它们进行重塑。

第五章

赞美原则 /121

如何以翔实、真诚且及时的方式表扬他人？赞美会给你的领导能力带来什么样的改变？赞美有助于人们感受到重视、倾听和欣赏。那些感受到重视、倾听和欣赏的人会有更多的热情去试错，承担风险，并以远远超过那些没有受到重视的人的速度成长。

引 言

思维方式不只作用于运动员、学者和神秘穴居人

理解自己的思维方式才能明白如何获取成功

我并不是带着“我可以做任何事”的思维方式来到这个世界的。恰恰相反，在我婚姻的第三年，我才发现，48 岁的自己在情感、精神和经济上仍然是空虚的。我一直在玩命地工作，追名逐利，但对生活的感觉就像是开车时一只脚踩在油门上，而另一只脚踩在刹车上，虽然每天都在消耗着大量的能量，却只是在原地踏步。每天，我都感觉自己像神话中受到惩罚的暴君——西西弗斯，一直都在向上爬却总是滚到山底，还因为胆敢往上爬而被告诫。这样的生活让人筋疲力尽。

事后看来，那时我的思维方式扎根于贫瘠和贫困。不管自己取得了什么成就都不满足。对于别人的赞扬和肯定，我最经常说的话是：“是的，但是……”我草率地否定别人的看法，是因为我并不相信自己取得的成就达到了既定的标准。我的思维方式成了自己最大的敌人，为什么会这样？

在我 6 岁时很平常的一天，我在卧室里玩耍，听到妈妈在大声尖叫。我跑下楼去，看到她站在门口，挡着站在门口台阶上的三个男人，不让他们进来。我跑到妈妈身边，搂着妈妈的臂弯既恐惧又惊慌地看着这几个男人。他们并不是来传达关于爸爸噩

耗的警察，也不是想要抢劫的恶人，他们只是过来做自己的工作——回收我们的家具。面对这一行为，我妈妈尖叫着、疯狂地打电话给爸爸，让他立刻解决这件事情。

20世纪60年代，在苏格兰经济衰退期间，家具回收（repossessing furniture）发生在许多家庭，但是并没有发生在我妈妈身上。我的母亲——克里斯多贝·莱斯·布兰嫁到了格拉斯哥当地最富有的家庭之一中。在我的爷爷去世之前，生活如我母亲幻想中的一样美好。我的爷爷叫大卫·布兰，是一个极具天赋的商人。他推着一辆巨大的木制手推车在格拉斯哥的街道上卖面包、水果、鱼等任何可以卖的东西，并以此起家。他怀着“我要做这个”（I will do this）的观念辛勤地工作了一天又一天。

在40年的时间里，我的爷爷积累了一笔可观的财富。他是捷豹、名爵和劳斯莱斯汽车品牌的经销商，还经营着废金属和博彩生意。他的十个孩子都是含着银汤勺出生，由两个保姆照顾长大。爷爷家的房屋是按照他在意大利帕多瓦见到的一处别墅建造的，甚至有两个台球房。曾经，我父亲的衣服都是量身定制的，而且开着城里最好的汽车，还是校园里众所周知的“明星人物”。

我的妈妈来自一个截然相反的家庭。她的父亲是一个工人，曾经在煤矿里工作。在读高中时，她只有一件可以穿得出去的衣服。她每天放学回家会把衣服熨平，第二天再穿着去学校。克里斯多贝知道自己贫穷，而她的理想就是“走出这个被上帝抛弃的地方”，为自己创造更好的生活。

我的父亲在富足的生活环境中长大，而我的母亲则在贫穷的生活环境中长大。那些回收家具工人的到来刺痛了我的母亲，同时把我的父亲富足的迹象完全给抹掉了。对我的母亲来说，她一生中最大的希望就这样破碎了。对我的父亲来说，任何一点残留的自尊和价值都像太阳下的葡萄一样被迅速风干了。

那么，这些和我的思维方式有什么关系呢？在那个决定命运的一天，一个 6 岁男孩的内心状态从稳定和安全迅速转向恐惧和迷茫。我开始认为无论我拥有什么，最终都将被夺走。这种思维方式渗透了我的思想，以及我对人、地方和领导的理解，正是这种思维方式导致 48 岁的我处于这种空虚的状态。

我讲这个故事的目的是为了解释：我们每个人的思维方式和领导力不仅是天生的，也是后天培养的产物。我们唯一可以做的就是认清自己目前的思维方式，接受自己在创造或容忍它的过程中所扮演的角色，明确表达自己想要拥有的思维方式，而且能够用每天的实际行动来创造想要拥有的思维方式。

我发现，一个管理者 80% 的成功都是来自精神上的成功。有一些管理者认为工作是漫长且缓慢的进程，犹如在枪林弹雨中匍匐前行于敌人的领土上。这种思维方式肯定会产生比较差的工作表现。当你的精神没有在最佳状态时，你的工作状态肯定也不是最好的。

虽然神经科学和心理学对我的思维方式有积极的影响，但它们并不是这本书的基石。我是一个领导力专家而不是心理学家，我成功转换了自己的思维方式，也成功地帮助我的客户改善了他们的思维方式。

我写这本书主要有两个原因。首先，在工作环境中，每个组织机构内未被开发的人力潜能是惊人的。在三大洲的 43 个州和 7 个国家工作后，我目睹了 65% 的员工都会有的职业病——JDTM（Just Doing The Minimum，只做最少的工作）。他们的思维方式的特征是：在保持良好年度评价的前提下只做出最少的努力。在你断言这些患有 JDTM 职业病的员工都是贪婪、懒惰和自私的人之前，你需要知道：各个行业的公司管理者都患有 JDTM 的症状，都是该病毒的携带者。大多数情况下，领导公司、团队和员工工作的使命、愿景和价值都是由高级管理层在山顶别墅的商务客房里决定的。这些高管们避免与每天都在和客户打交道的员工有任何实际的接触。员工患有 JDTM 职业病是因为他们的管理者并不愿意为了改变组织和团队而进行必需的个人转型。

其次，就个人而言，我希望能帮助更多的人积极向上地生活。我相信圣经里的一段话："被赋予的更多，被需要的也更多"（And to whomsoever much is given, of him shall much be required.）。我有责任和义务将我所学的传递给那些可以从中受益的人。我们将在接下来的章节中详细探讨这个问题。

在下一节开始前你需要完成一个评估测试。这个测试并没有虚无缥缈的问题，也不需要你坐在沙发上苦思冥想 60 分钟。这个评估中有一些陈述，仔细思考它们会帮助你更好地发现自己的思维方式与成功之间的关系。

变革型领导评估

根据下面的陈述进行自我评价，从 1 到 10 代表不同的同意程度，1 代表强烈不同意，10 代表强烈同意。

①我对自己的领导力和个人生活有一个明确的目标。

②我清楚地定义了对实现目标有价值的重点事项和人脉。

③我向所有对我个人和职业发展有帮助的人都做出了无法妥协的承诺。

④我非常清楚为达到目标、实现承诺和完成重要事项应付诸的行动。

⑤我每年都积极领导新的项目，为对我重要的人提供更多的价值。

⑥在逆境和挫折面前，我可以坚持不懈。

⑦为了巩固自己的知识，同时也为了帮助他人学习和成长，我积极地教导和指引他人。

⑧我的态度是“为成功而战”，而不是“为了不输而战”。

⑨我有积极向上的思维方式，也会进行自我激励。

⑩我有积极、强烈的信念去帮助他人增强领导力、调整思维方式。

⑪每天、每周和每月我都会对做得好的事情进行自我表扬，同时减少做得不好的事情。

⑫我肯花时间对职业生涯和个人生活进行创造性和战略性地反省和思考。

完成这个评估之后，请你考虑以下几个问题：

• 哪些陈述得分最高，哪些最低？

• 得分最高和最低的陈述分别代表什么？

• 如果你能显著改善其中某一项的分数，哪一项将对你的领导力和成功有最大的积极影响？

成长、乐观和积极的思维方式

与索尼影视、波音、诺德斯特龙、星巴克和微软等公司的合作经验使我了解到：变革型管理者并不满足于表现良好，他们信仰和追求一种“蒸蒸向上”的状态。在这一节中，我提出重新认识工作环境的思维方式，并摆正大家对变革型增长的看法。

如果你想有一个蓬勃发展的公司——业绩快速增长、盈利率增加、客户满意度高、人才流失率低，那么你必须受到员工的欢迎。在当今工作环境中，客户体验必须做到极致才能减少顾客的流失，而只有愉悦且忠诚于你和公司的员工才能创造出这样的客户体验。

管理者致力于发展的引人注目、以忠诚为中心的客户体验战略，只有愉悦度和满意度高的员工才能执行和交付。毫无疑问，没有积极向上的员工就无法为顾客创造出令人信服和难忘的体验，你的公司也就无法蓬勃发展。下面是一个将改变你的领导力、创造成功的公式：

$$FB = FE + FC + ME$$

一个蓬勃发展的企业（Flourishing Business，FB）来自于

积极向上的员工（Flourishing Employees，FE）、逐渐扩大的客户群体（Flourishing Customers，FC）和令人难忘的客户体验（Memorable Experiences，ME）。

积极向上的员工是由野心勃勃的管理者为了扩大客户群体和为其提供完美体验而创造的。然而，经常有一些不适合与客户面对面交流的员工，发现自己处于需要一直与客户打交道的角色中。如果一些员工面对客户时，表现得窘迫、不称职，或不关心客户，那么他们永远都不应该扮演与客户互动的角色。

在你的公司中是否有一些不快乐的员工为客户制造负面体验的例子？是不是有时候员工把客户看作需要被容忍的干扰事项，而不是需要培养和尊重的宝贵财产？在你的员工眼里，粗鲁和冷漠是可以被接受的吗？如果你的回答是肯定的，那么问题就不在于前线的员工。更重要的问题是：领导们每天踏入公司时，是否怀着改变客户和员工生活的渴望？

如果你作为一名管理者，已经失去了这种渴望，并且无法感受到想为最重要的管理生活做出改变的热情，那么你是时候离开领导层了。这个道理很简单，如果你对工作并没有积极进取的态度，是时候做出改变了——首先是思维方式，如果必要的话；其次就是工作角色。个人的进取心渗透和塑造了你的领导能力，并在客户体验中体现出来。

不是别人告诉你的，重要的是你告诉自己的

我的博客读者抱怨最多的事情是：他们感到焦虑，好像没有足够的时间有效地领导团队。这种感觉可能由多个原因导致，其中一些原因是确实存在的，而其他的则源于管理者的思维方式。在过去的25年里，我总结出了因产生压迫感而不知所措的6个因素——所有这些因素降低了工作业绩，并扼杀了客户和员工的幸福感。

1. **业绩不佳是可以容忍的**

每个组织都有业绩不佳和业绩超出预期的员工。前者只对薪水有兴趣，对提高绩效没有任何热情。他们不会去找一份期望值较低的工作，因为即使业绩低迷，表现不尽理想，他们也可以保住现在的工作岗位。当业绩不佳得到容忍时，这就向所有的员工发送了一个明确的信息：这是可以接受的，而且没有任何负面影响。这种态度阻碍了公司的发展，是导致业绩下滑的催化剂。

2. **沟通不畅**

当管理者的日程安排应接不暇，不断地从一个会议赶到另一个会议，没有任何空余时间时，肯定会发生沟通不畅的情况。我的意思是说，你会忽略人际交流中的细微差别，而且还会由于不断赶场产生的焦虑而引发理解偏差。这都会导致错误的开始以及由于沟通错误不得不进行再熟悉不过的返工。

3. **疲倦，疲惫不堪，筋疲力尽**

在美国，管理者为追求突破极限而感到自豪，对自己家人和

朋友说每周工作 70 个小时是一种荣誉的象征。然而，经过不断地研究之后，结果表明，随着每周工作小时数的增加，工作质量会逐渐下降。更高效的工作来自于精力充沛的、积极的和热情的管理者和员工，他们期望为客户的生活带来积极的影响。当一个领导或者员工消耗着生命在工作，并且勉强渡过难关时，他们不可能为客户创造任何效益。

4. 不具备有效管理压力的能力

我们每个人都曾经有过两种类型的压力：积极压力和消极压力。当我们想要的和我们所拥有的东西之间有轻微的差距时，就会产生积极压力，不过这种压力不会导致我们不知所措。而且，这种压力是可控的，想要的目标是可以实现的。

消极压力则完全相反。我们期望和所拥有之间的差距是很难管理的，目标也无法实现。这会导致我们不知所措、失控和无力。管理者需要能够充分利用积极压力，同时减少或消除导致消极压力的因素以及消极压力的影响。然而，现在公司中处理压力的头号策略是：只要功夫深，铁杵磨成针。有时候这个策略是需要的，也是比较好的选择，因为忙碌的管理者往往更偏好勤奋的员工而不是聪明的员工。

5. 缺乏时间管理和优先安排的习惯

管理者日常工作的紧迫性意味着对工作进行优先顺序安排是必要的，但实际情况并不是这样的。出于战略性考虑，能够尊敬地对老板和客户说“不”是管理者需要掌握的关键技能。当领导看着他们的日程清单，询问相对于战略重点活动，时间的百分之多少是花在了低价值活动上？你觉得会是多少？ 80%？ 70%？ 50%？导师给我的答案以及我提供给咨询客户的数字往往是 30%。但是，一旦管理者具有较好的优先事项处理能力，以及良好的时间管理能力，就可以将日程的战略使用率提高 25% 到 50%，这会产生变革性的影响。

6. 不了解思维方式对工作表现的重要性

在全国的商学院里，几乎没有思维和心理训练方面的课程。没错，心理学的教学内容常常是广泛而且极具理论性的，就像经过实践检验的财务管理和市场营销的课程，以及与社交媒体相关的新课程。

管理者和员工之间的沟通在很多方面决定着财务绩效、市场份额以及人才的获取和留存。当一个管理者的工具中缺少一个像思维方式一样重要的因素时，沟通结果并不会太吸引人。

当你看这个清单时，你可以添加使自己感到焦虑的其他因素。几乎所有这些都受到管理者的影响。快乐的员工对于培养愉悦的顾客至关重要。管理者的主要工作之一就是管理员工的思维方式，积极的思维方式有利于维护客户关系，增加客户黏性。

员工如何进行自我对话是至关重要的。有些人可能会觉得，无论他们有多么好的想法，管理层都不会支持他们。如果他们的信仰和自我对话根植于失败的沟通和想法之中，那么他们很难有不一样的表现，除非他们自己告诉自己需要改变。

举一个例子，罗伯特是我的新客户，他在医疗健康领域工作。和我的许多客户一样，他告诉我，他每周要工作 70 多个小时以及他对时间的需求。他感到压抑和沮丧，因为他的每一天都是在被动防御模式中度过的。事情的发展糟糕到他的员工甚至要求他不要那么积极工作，让他们也能轻松一点。当我问由谁来负责他的日程安排，怎么度过每一天时，他坚定地回答：“医院和病人。”

从一个方面来说，罗伯特是正确的：他的工作在很多方面是由医疗健康职业的发展所决定的。在这个职业中，一个人的生活和幸福受到他或她的照顾者的影响。这些专业被“必须现在做出决定的情况”所包围。

但罗伯特忘记了一个关键性的区别：虽然影响他一天的外部因素是真实的，但同样，他对外部因素的反馈也是真实的。罗伯特无法决定每天发生的事情，但他可以决定如何回应这些事情。罗伯特如何回应这些外部因素是由他的两只耳朵之间那 6 英寸（约 15 厘米）的地方（大脑）决定的，而不是他的老板、医院和病人。罗伯特的思维方式掌管着人员、流程和他每天阐述的观点。通过改变思维方式来释放你的潜力是这本书的主要内容。

好消息是，有 7 条原则可以帮助你掌握高效领导的思维方式，开发个人潜能以及团队和组织的潜力，提升绩效。接下来的每一章内容都分别对应各条原则。

第一章

目标原则

一个想法、梦想、希望或愿望

你可以询问 10 个人，如果他们中了彩票，拥有足够的财力资源不需要再去工作，他们会做什么。你会听到“创业”或“创办慈善机构”等观点。在过去的 11 年里，我作为理财顾问看到了许多这种一厢情愿的想法。每当遇到新客户或潜在客户时，我都会问一个简单而直接的问题：“对你来说，钱为什么这么重要？”我听到的头号答案是：安全感。我多次听到女性客户说她们不想最终成为“包包女士”(bag lady)。

有趣的是，与我交谈和会面的人实际上都没有经济上的问题。他们有资源，但仍然带着贫穷的思维方式，如一个每年赚一百多万美元的医疗保健主管在担心是否有足够的钱退休。

实际上，以寻求安全感为目标会束缚我们在生活中的许多想法、希望和梦想。我们对生活的希望和梦想被主导我们的思维方式推到了一边。

让我们来阐述明确领导目标的主要意义：个人和机构的伟大起点是一个明确而有说服力的目标。在工作或个人生活中取得了非凡成就或生活被定义为“回报”和“振奋人心”的人非常清楚：对他们来说，什么是重要的事情，以及这些事为什么是重要的，他们通过努力会实现什么价值。

我的一个客户是医院的首席执行官，她描述自己的目标："我想创造一种文化，在这种文化中，每个员工都致力于在病人的关怀和安全方面创造非凡的成就。"她的目标表明了对她来说重要的 3 件事：

①病人的护理和安全至关重要；

②每个员工都必须参与才能做到这一点；

③创造非凡是必不可少的。

这位 CEO 对普通或平凡不满意，她认为创造非凡并不是不可能的，且她的工作重点在于推动文化转型来使之成为现实。她的最终目标引导她的行为，在医疗保健这个不断变化的市场中持续渗透她的思想。

当我问她关于我们一起工作的成果时，她说："弄清楚我的目标并不容易，但明白之后让我更容易领导团队，工作也更加有收获。"

这使我想问读者们：你是否清楚自己作为领导的目标？你对你想要的东西充满激情吗？你是不是在不断地学习和发展自己的领导才能和思维方式，不断为别人创造价值？还是你感觉每天都像在迷雾中驾驶？

从领导的角度来看，雾中驾驶是怎样的？想象一下你正在度假，开车去葡萄酒乡——纳帕谷，品尝一些美国最有名的葡萄酒。为了让旅程更加难忘，你租了高性能的敞篷车：红色的、光泽感十足，赚足了回头率，只是看着它就心跳加速。之后你迫不及待地开车上路。

当你在这个美妙的气氛中开车前行时，突然闯入一段迷雾。不知哪来的大雾笼罩了你的车。你首先会做什么？很可能，你会踩下刹车放慢速度。接下来，你会把双手放在方向盘上，甚至身体前倾，希望可以将路线看得更清楚。为了进一步改善情况，你会关掉收音机来帮助自己集中精力。

旅途中无忧无虑和热情洋溢的感觉已经消失了。相反，此时你感到肾上腺素在激增。你处于生存模式，这个时刻你正在为生存而战。

过了几分钟之后，可能就是3~5分钟之后，雾气消散，在你的视野内可以清楚地看到前方几千米了。生存模式下淹没你身体的紧张感消失了，熟悉的安全感回来了。慢慢地，你的旅行热情回来了，几分钟后，收音机重新开启，你的脚开始踏在加速器上。

当领导层以及团队和组织缺乏明确而有力的目标时，我们就是在雾里前行。空气中弥漫着紧张的气氛，我们对旅程的喜悦感像大雾模糊了我们的视野一样迅速地蒸发了。当我们有一个明确而有说服力的目标时，我们的脚会从刹车上移开，稳稳地踩在加速器上，热情且兴奋地朝着目的地加速前进。

当我向管理人员和企业家询问他们自己、团队和组织的真正目标时，十分之九的人并没有明确的答案，这就使他们的员工感觉自己好像在大雾中驾驶一样。他们的脚踩着刹车，抑制着新的想法和为客户创造便利的能力。这与大多数管理者想要的是相反的，然而这是绝大多数管理者造成的。

每个管理者都应该对自己的职业以及个人生活持有梦想、希望和愿景。在每一个指导和咨询活动中，每当管理者的希望、梦想和愿望得到明确的时候，空气中的紧张感就消失了，你能看到大家显而易见的兴奋，就好像发动机正在以更高的 rpm（每分钟转速）运动，朝着未来希望迈进的热情成为焦点。

如果你拿起这本书是为了创造巨大的收入、拥有更好的表现、推动关系增长，你不会感到失望。下一部分将帮助你定义自己的目标，并以此创造更有价值和更丰富的生活。

从你的才华、热爱和价值中找到目标

毫无例外的是，当你有一个清晰明确的目标时，生活和工作上的突出表现、参与感和满意度都比你想象的更容易获得。这是因为组织中几乎所有的进步都从一个词开始：明确。它适用于期望、结果、价值、能力、责任，以及所有让我们感到富有活力和生机的事情。如果没有明确的目标，几乎不可能持续专注地去做这件事。随着目标和重点明确，新的见解、新的策略和新的行为将以前所未有的方式推动个人和组织的发展。

这一部分内容非常重要的原因是：如果没有清晰和明确的目标，其他各项领导力原则都只是知识体系而不是支持性原则。例如，你可以尝试阅读变革型领导力的第二条原则——承诺原则。但是当你并不知道自己的目标时就尝试去设定有意义和令人信服的承诺是非常愚蠢的。所以，毫无疑问，这一部分将是整本书最关键的部分。

在开始之前我想提醒一下读者：根据阅读的思维方式不同，本章节的读者可能会产生两种不同的反应。

第一种反应是沮丧。你早就听说过教练和顾问的劝告，你很多年前就知道一个人的热爱、天赋和他带给顾客、团队及组织的价值与更优秀的表现之间的关系。但你无法辨别不同维度的目标对你来说真正意味着什么。因此，这一部分的内容可能是烦琐和令人沮丧的。你可能会翻到下一节，告诉自己以后再看这一节，而不是带着好奇心和勇气开始阅读这一部分的内容。

第二种可能的反应是热情。你相信无论自己的目标已经多么清晰，多么具有说服力，但是你仍然想要打开一个新的视角，即使这个视角会改变自己实现目标的方式。你愿意花时间来明确对自己重要的事情，重新审视自己以目标和激情为导向的领导能力所带来的价值。

不管你的反应如何，下面是我对这部分的承诺：一旦你弄清楚了自己的目标，你的参与程度和热情就会飞涨。即使大雾升起，你也能看到你、你的团队和组织的道路，你会加速前行。如果你随时保持自身的好奇心和勇气，这一节将帮助你明确目标。你需要好奇心来改变自己以前对目标的刻板认识，你需要勇气去畅想领导力的边界，而不是局限于自己以前所拥有的领导力中。

明确目标的三个维度

目标的三个维度是：热爱、才能和价值。

热爱是对某项工作毫无保留的激情。当你热爱某项工作时，你会持续不断地努力，会学习成长和提高所需要的知识。如果没有热爱，你的才能和价值会让你（和其他人）感到空虚和不满。

才能使你做出拥有高度差异化的东西。才能扎根于你为客户带来的技能和专长，以及对你来说最重要的关系。在许多方面，才能是进入社会工作的入场券。缺乏才能代表你有职业局限性。

价值是客户或员工从与我们互动中获得的利益。价值可以被看作是以一种有意义的方式让人们的生活变得更轻松、更美好。价值不是你提供的技术产品或服务，而是人们从使用你提供的产品或服务中受益。请记住，也许你对自己所做的事情充满激情，而且做得非常好，但如果客户或员工看不到或对他们几乎没有价值，你的成功就处于危险之中。

为了明确你的目标，你需要更深入地了解自己独特的才能、技巧和激情，为自己、客户和组织创造价值。以下部分将引导你完成明确目标的流程。

1. 热爱

卓越的核心就在于热爱。由于对某些事情的热爱，你有动力去克服挑战，实现最大的希望、梦想和抱负。当你被强迫去做你所从事的工作，工作（work）就只是 4 个字母的单词。热爱是个人实现的关键组成部分，你可以通过回答以下 4 个问题找到答案。

①我喜欢做工作的哪些部分？为什么？

②我认为工作的哪一部分是最值得去做的？

③有关工作的一直萦绕在我心间、不能忘怀的想法、希望、梦想或愿景是什么？

④我的工作的哪个方面，如果我不能够再去做，会使我的工作不尽如人意？

为了让你感觉更真实，下面是一个关于我自己的真实的例子。

我热衷于两件事情：在工作中，我喜欢把人的潜能更好地转化为商业成果；在我个人的生活中，我喜欢每天都做一些能使人类繁荣发展的事情。我与人讨论这两件事，阅读与这两件事相关的书籍，我尽可能多地学习，我每一天都在做这两件事情。我对做这两件事情都充满激情。

2. 才能

你擅长做什么？你的优势在哪里？要回答这两个问题，首先要发现你在组织中做得好的事情是什么。你如何有效地为你的客户和员工提供服务？关于才能的思考也给你提供一个机会，让你发现“在某些方面，我可能是有才华的，但我对此没有激情”。考虑下面5个问题来帮助你思考。

①我最重要的5个才能和技能是什么？

②我最感到自豪的贡献和成就是什么？为什么？

③在工作的哪一部分我受到的赞扬最多？

④我引以为傲的五项工作活动是哪些？

⑤我打算精通自己工作的哪一部分？

我很善于倾听一个人在对话和情景中隐藏的最高期望、梦想和愿望。这是一份天生的礼物，我尽可能地去尊重、培养和改进它。我也擅长传达领导信息。我培养自己掌握这个技能，因为我希望管理者能够带领人类走向繁荣发展，而在这一进程中传达领导信息是必不可少的。我也擅长排列事项优先级和制定执行决策，从而为客户提供可以立即使用的切实可行的策略，以提高最重要关系的质量。

3. 价值

最后一个要点是价值。明确你的目标需要理解自己行为所创造的价值。完成结果通常比完成本身更重要。

例如，当你雇人去修剪你的草坪，结果是除掉了杂草和得到一个整洁的院子。与此同时，还有一个更重要的关系结果：你把做不太重要任务（修剪草坪）的时间转换成与家人共度的时光。因为将一项任务委托出去，把时间投资在家庭关系上，你创造了一个重要的情感纽带。

作为具体阐述你所创造价值的先导，请回答以下 4 个问题以了解你的领导力。

①尽可能多地列出你的角色所做的活动。

②每个活动至少列出两个结果。

③检查你列出的活动和结果。哪一个或哪几个活动是与众不同的、有高价值的？

④列出你做的活动中最有价值的 4 项活动。

通过回答这些问题，你了解自己的领导力了吗？你现在可以继续回答以下 4 个问题了吗？

①在职业生涯中，我对客户、同事以及组织最有价值的贡献是什么？

②我的工作的哪些方面是与众不同的？是什么使我与那些承担同样角色的同事有所区别？

③哪一部分工作，如果我不再做，客户会感到极度失望？

④我怎样才能增加为组织带来的价值？

每个价值陈述都不应该提到你如何帮助你的客户或顾客达到目标。你应该明确表达的内容是如何提升增长率、减少员工流失、提高客户满意度和其他结果。一定要记住，人们不关心用什么工具来达到他们想要的结果，他们只关心最后的价值或结果。

明确了目标的 3 个维度后，你可以思考目前为止你对目标的见解。什么想法对你特别有意义？而这些见解正是你领导力目标的催化剂。现在是时候编写你的初始目标声明了。这个陈述应该反映你的热情、能力和你想知道的结构化成果。下面提供了一个模板，不过你也可以用自己的语言自由编写个人目标声明。

我创造（你做的事情）以便（无论你的客户是谁）能够获取（什么）。

一旦有了目标声明的初稿，你就要考虑它是否适合？花几分钟时间与你信任和尊重的人讨论你的目标。如果你足够勇敢，也可以与客户交谈，看看他或她的反应是什么。这个目标与你产生共鸣了吗？如果有的话，什么变化会使它更适合你的领导力？

在下一节中，我们将讨论如何以有意义和有目的的方式实现你的目标，同时建立品牌和声誉，成为创造变革型成果的人。

是什么让你与众不同?

是什么让你与众不同？这可能是一个难以回答的问题。我们并不能清楚地认识自己，我们往往更注重我们做得不好的地方而不是做得好的地方。我们还面临着工作环境中的困境，我们被告诫要做得更多、更好、更快，价格要更便宜。这种表现的诅咒永无止境，让我们感到不知所措。

与众不同的关键并不是如何成为那些不是你自己的人，而是以高度差异化的方式让自己的天赋和才能与重视这些的人保持一致。

这是一个非常简单的概念，里面肯定没有复杂的科学道理。然而，我常常发现管理者的观点是他们必须适应客户的需求，而不是以他们能力之内有利的方式进行工作。如果管理者有这个观点，就相当于他们将满意度和业绩表现抛出窗外。

与众不同的起点有 3 部分：你必须有一个对你有吸引力和令人兴奋的目标；你必须理解并倾听客户和员工，以便为你提供可执行的见解；你必须有不可动摇的自信。在上一节中，我们讨论了每个人提供的热爱、才能和价值，在下一节中我们将介绍如何打造高度差异化的领导力品牌和声誉。在本节中，你将阐明自己最独特的信念及其重要性。

有一个网站叫作 thisibelieve.org，这是一个致力于鼓励人们描述指导他们日常生活的核心价值观的国际组织所创立的网站。你可以在 NPR（美国国家公共电台）上听到信仰的故事。当第一次听说这个网站时，我就对它很感兴趣，并认为它对我的客户来说是一个极好的价值明确练习。我自己做了练习，并分享我的答案，以此鼓励你来明确你的想法。为什么要这样做呢？因为我相信，如果你清楚自己相信什么，你就会专注于使其具有可操作性和真实性。总的来说，我有以下 14 项价值观。

1. 我相信爱让世界变得更美好

每个主要的信仰传统都相信我们生活的世界是在爱的环境中创造的，我们有责任遵循这个信念。我相信爱是一个在企业界很少使用的词，如果不使用它，我们是在欺骗自己，欺骗我们的家人、我们的员工和我们的客户。

2. 我相信慷慨是一种源于感激的习惯

我相信那些忘恩负义的人是不会慷慨的。慷慨可以是情感、精神或财务层面的。是的，人们可以列出各项责任和义务，但真正的慷慨，是植根于慷慨的思维方式，给予奉献而没有预期回馈的乐趣。当我们并不满意我们拥有的东西时，我们会牢守所有拥有的东西，缺乏慷慨。

3. 我相信赠人玫瑰，手有余香

我一生都非常幸运，反过来我相信，这是我的角色，我的责任，也是我的义务——与他人分享我所学到的知识。我不希望每个人都按照我分享的知识行事，但我确实希望他们能够持续分享成功的战略。

4. 我相信我们需要让“退休”这个词退休

根据统计的数据，如果我65岁时能保持合理的健康状况，我将会活到90岁。我无法想象自己坐着休眠的状态，但许多人都认为退休意味着在接下来的25年内无所事事。我喜欢我所做的事情，只要我还在为世界做贡献，为什么要停下来？

5. 我相信我们需要停止将我们的信仰和价值观强加于他人的行为

我们需要放弃黄金法则，并接受白金法则。黄金法则规定我应该以我想受到对待的方式去对待他人，而白金法则规定我会以他们希望被对待的方式对待他人。只要他们符合我们的价值观，我们就没有必要反对他们这样做。

6. 我相信我们正在成长或死亡

如果我们不成长，我们就在走向死亡。如果我们没有学到新的东西或者不同的思维方法，我们就会衰败。是的，每天我都在生长或死亡。太多的人满足于生活在过时的思维中而不去挑战他们的想法、感受或信仰，这简直愚蠢至极。

7. 我相信每天都在体验美好

无论是在艺术品还是在自然景观中，美好的事物都会充实、提升我们。我们每天都应该看到一些美好的事物，让它颤抖我们的灵魂，丰富我们的生活。它可以是普通的事物，像月亮倒映在水面上，太阳光透过一片叶子，或者是让某人一天变得更好的照顾或关心。

8. **我相信思维方式胜过技巧**

我相信因为思维方式被过去的问题所困扰，所以一些非常有才华的人永远无法发挥他们的全部潜能。他们的思维方式毁掉了发生在他们身上的一切。

9. **我相信人们生活在恐惧之中**

恐惧来源于过去的经验，并已经变得普遍。被恐惧驱动的人太多了，我相信恐惧会扼杀所有的创造力。在我的生活中，我必须抛弃恐惧，因为它是我成长过程中很大一部分内容。

10. **我相信积极的意图**

有些人与我们互动，并不总是能够带来最好的效果。但我们应该假设这些人没有不良意图，并不是所有人都想着去占便宜。

11. **我相信同一个起点，而不是相同的终点**

我相信社会培养出了一种受害和阶级的观念。有些人认为他们的生活应该和其他人一样。而真实的情况是，你能够参与进来并不意味着你与其他开始同样业务的人应该有相同的结果。我们每个人都有权获得相同的起点，但不是终点。

12. **我相信被压倒是一种选择**

当我们缺乏明确的优先事项、角色和期望；当我们不清楚对什么可以说是和不是；当我们没有把注意力集中在必须要做的关键的事情上时，我们会感到不知所措。通过做出一两个让我们能够感受到被控制的选择，可以有效地管理压力。

13. **我相信生活是用来品味的**

我相信生活可以是一场盛宴，然而大多数人都选择速食。当我们睁大眼睛看到我们周围的自然美景和有趣的人时，我们不禁惊叹于充满活力的生活。然而，许多人只是生存而不是品味生活。我认为这是一种可怕的生活方式。

14. **我相信我能帮助你过上更有价值的生活**

毫无疑问，我有一个精彩的、非常幸福的生活。我相信，从某种程度上来说，通过阐述我的价值观清单，我可以帮助你编辑你相信的 5、10、15 或 20 件事情。我相信，当你清楚自己相信什么时，你会凝聚自己的信念，并让它们成为现实。

让我们回到本节开头的问题。是什么让你与众不同？为了更清楚地了解你是谁，是什么使你与众不同，请花时间来思考这个问题：我相信什么？由此你会清楚地认识自己，你将拨开环绕自己周围的雾气，并且你会将你的信仰与有目的性和高度差异化的工作方式联系起来。现在让我们来看看你是否按照自己的核心价值观生活，是否发现了自己对工作感到振奋的途径。

你在销售什么?

当问哈雷·戴维森的一位高管他们卖的是什么时，他回答：“我们销售的是一种能力，这种能力可以让一位 40 岁的会计穿上黑色皮衣，在途经小城镇时让别人感到害怕。”这是一个精辟的、含有挑衅的回答，但它回避了一个问题：你在销售什么？

在与客户和员工的谈话中，你的立场是什么？是卓越的客户体验吗？是致力于创造一种每个员工都追求卓越的文化？是为了降低成本还是从裁员中生存下来直到下一次裁员？或者，你是一位乐观、有变革型思维和实现空前发展的管理者吗？你是否在推销这样一个观点，即为了获得蓬勃发展的业务，管理者的工作是协助每个员工每天的工作，让他们和客户都发展起来？对于你认为是重要的和有价值的事物，你是否有目的地去销售，使人们想要买它？

你应在你认为的和人们体验到的之间建立具体的联系。你要密切关注的两个词是意图和影响。你的意图可能纯洁无瑕，但你的影响可能是负面的。当你阅读本节时，牢记一个重点：人们从不会根据你的意图购买你销售的东西，而是基于你的行为和表达对他们产生的影响来购买你销售的产品。

领导力品牌影响过程

每个公司都了解品牌的力量。品牌创造价值和忠诚，当品牌具有吸引力和独特形式时，它可以创造吸引更多客户的深刻的情感体验。还没有被认识到的是：管理者的个人品牌可以成为转型增长的催化剂。

变革型管理者不再仅仅依靠公司品牌来指导他们的行为，而是开发自己的个人品牌。

你可以从哪里开始？下面介绍的是管理者品牌的影响过程，其中有两个关键点：首先，无论你是否知道，你都拥有一个品牌。其次，品牌对你表现的影响力可能是正面的或负面的。LBI（Leadership Brand Impact，领导力品牌影响）将帮助你认识到品牌产生的影响是正面的还是负面的。

我要概述的过程需要你拥有勇气，这不是胆小者的游戏。你需要去问那些对你很重要的人，看看你的影响，并且可能这是你第一次看清楚你对别人的影响。你会听到一些令人振奋的内容。有些方面会让你感到不舒服或尴尬。但是请放心，你必须要看清楚才能做出改变。LBI 将帮助你做出改变。

1. 第一步：明确你的品牌影响力意识

用 10 分钟的时间记录下你想对重要的人产生的影响。了解品牌影响力的起点包括写出你认为最能描述你的领导力的 4 个词或短语。不要花太多时间思考，简单地写下领导力的精髓。例如，你可以使用鼓舞人心、合作、周到和务实等词语。

2. 第二步：明确人们体验到的品牌影响力

首先你需要创建一个名单，这个名单包括了你信任和尊重的 8~10 人。他们可以是同事、经理、合作伙伴、直接领导、前雇员和朋友。你需要尊重这些人给出的意见。

与名单上的人打电话或沟通，让他们知道你参与了需要坦诚反馈的领导力活动。作为你尊重的人，他或她的局外人视角对你认清领导力的影响是必不可少的。

具体来说，请他们用 4 个词或短语来描述他们认为最能说明你的领导力对他们和他人的影响。这些词或短语可以是创新或鼓舞人心，也可以是踏实做事的态度等。

3. 第三步：明确他人对领导力品牌的认识

这一步需要回顾 32~40 个代表其他人对你领导力品牌的认识的词汇。仔细阅读这些词汇，排列并找出主题或规律。将相似的词汇或同义词汇集成一个描述性词汇，以便最清楚地表达它所代表的语气或感受。

这一步的主要目的是从其他角度阐明你的品牌影响力，并将其提炼为尽可能少的单词。这将帮助你研究你的两个清单，进而寻找你想要的和他人感受到的东西之间的差距。你预期品牌影响与观察员列出的品牌影响之间是否存在差距？看着你的清单，问自己以下 5 个问题。

①我的意图是否与我的影响一致？

②别人对我的看法与我的目标一致吗？

③我的品牌影响力描述词（包括我自己的和其他人提供的）是否具有独特性，还是仅仅是我的角色标准配置？

④我的领导品牌 / 声誉有什么优缺点？

⑤对形容自己的词汇感到兴奋，还是保持中立态度？

毫无疑问，有一些你的清单上的词汇与他人的形容一致，而有一些并不相符。变革型管理者会快速成长，并对他人造成的影响负责。

4. 第四步：明确创建品牌影响力需要的行为

这一步将帮助你明确需采用哪些行为来创建你想要的品牌影响力，以下提出了 3 个简单而重要的问题：

①我想以什么样的影响力而著称？

②如果我想以 XYZ 而闻名，为了创造我期望的影响力，我需要体现什么特质、特征、行为或价值？

③什么对我来说至关重要或不可妥协？

最后一步不是关于逻辑，更多是关于可能发生的事情。它植根于阐明你对领导力所产生的影响的最高期望、梦想和愿景。这一步将转换你从 LBI 搜集到的意见，并要求你根据自己的见解在行为上明确自己将实施的内容。这一步至关重要。如果你忽视这一步，LBI 将成为一个有趣的智力练习，但不会引发任何值得注意或有变革性的事情发生。

最终的呈现状态就是真正见分晓的时刻。你需要时刻关注如何沟通、举行会议、委派、让员工负责、与客户交谈、应对困难和不确定性，以及检验你的影响力是否会鼓励人们购买你正在销售的产品。

5. 第五步：明确想要的影响

在这一步中，管理者会向所有提供反馈意见的人以及他们的主要组成成员分享管理者想要的影响。他们以真实而透明的方式展现他们对领导力了解的内容，他们所获得的关于自身影响的见解，以及他们在未来将采取什么不同的方式。

他们现在允许别人告诉他们，什么时候他们所做的与他们所说的不一致。他们不只是给予人们许可，还需要不断地向人们征求关于如何以强有力、有目的性和引人注目的方式建立领导品牌的意见。

一些成功地使用了 LBI 的客户反馈说，这个过程对他们来说是变革性的。他们觉得好像苏格兰诗人罗伯特·伯恩斯说得一样，用别人看自己的眼光看待自己是必要的。他们还表示，通过这一过程，他们的工作效率提高了60%。我希望这些内容对你也是有用的。在下一部分中，你可以将学到的所有内容整合到一起，并创造“理想的一天”。

你理想的生活在等着你

每天都可以成为“理想的一天”吗？不，它不能。我们所做的选择会增加“理想的一天”的数量的可能性吗？是的，一点没错。

这是一个大胆的训诫：“理想的一天”是一个选择。毫无疑问我们可以选择如何去计划和度过每一天。心理学家维克多·弗兰克在他的《寻找意义的人》一书中回忆说，面对德国集中营的无法估量的恐怖、压迫和残酷，他可以选择他的经历。他并不是简单地戴上玫瑰色的眼镜，就能产生愉快的想法，而是选择了接受他的情况，并专注于被释放后他希望体验和完成的事情。

面对每天被压迫的生活，维克多·弗兰克没有放弃他的选择。他选择了自己的经历，并在集中营不知疲倦地与同营囚犯分享他的选择。他毫不怀疑地假设我们所有人都可以选择我们如何体验和度过我们的一天。

当然，有些时候你会走进办公室，知道你需要开除一个有两个孩子在上大学和一个刚组建新家庭的员工。没有人会否认那些困难和具有挑战性的情况。但大多数情况下，管理者往往只看到消极的一面。他们认为工作（work）是一个4个字母的单词，感觉他们的生活中布满了地雷，需要不知疲倦地做更多的事情，要做得更快，价格更便宜；工作会被政治家、控制狂或懒惰的人突袭，让他们的一天变得充满挫败感和挑战。

以这种方式对待你的一天，你只能筋疲力尽地回家，面对家人或朋友不知所措，无法进行有意义的情感沟通。这种类型的生活让你在家里时精疲力竭，因为你在工作中已经用尽了所有的情感能量。你选择如何度过一天？你会选择理想的一天还是应对所有紧急情况的一天？

1. 你离理想的生活很近

好消息是你的理想比你想象的要离你近很多。这是一种观点或信念的简单转变。8年前，睡在我身边的妻子变得异常愤怒。因为即使她戴着耳塞，我的鼾声也会在半夜吵醒她。我进行了睡眠检查，了解到我有轻微的睡眠呼吸暂停综合征。CPAP矫正机器可以帮助我，让我在早晨醒来时不再有与重量级拳击手一起出场15轮的感觉。

我的睡眠质量提高了，但我的睡眠时间没有变长。我会在凌晨2点半醒来，并保持45分钟至1小时的清醒。虽然当我睡着时，我的睡眠质量很高，但睡眠时间不够长。

在一位睡眠教练（是的，有这样的职业）的帮助下，我了解到睡眠时间的增加比我想象的要容易。我以为早点睡觉是我增加睡眠时间的处方，然而情况正好相反。我需要晚45分钟上床睡觉，通过这样做，我可以保持整夜不间断地睡觉。虽然这是违反人的第一直觉的。

由此我学到了两个重要的经验教训：首先，教练是提高绩效的最快方式，也是维持绩效的最佳途径；第二个教训是，我们往往比我们看到的更接近自己的理想。当我们转变观点时，我们的行为和回应方式也会随之改变。通过改变我们采取行动和回应的方式，我们可以改变结果。过理想的日子就是那么简单，不应该变得更复杂。

2. 从哪里开始？

在之前的章节中，你已经确定了自己喜欢做什么，擅长什么以及能为团队和组织带来什么价值。你已经阐明了你的信仰，知道自己的独特之处，并且通过对你很重要的人的眼睛看到了你的领导力带来的影响。在这样的条件下，为了过上“理想的一天”，你需要做 3 件事：你必须追溯过去，重构未来，并校准现在。

（1）追溯过去

你必须能够直视过去的负面事件，并说“这可能不是理想情况，但这是我看待这些事件的方式和我所学到的东西”。如果你选择关注积极的方面并提高自身的恢复能力，就会以积极的方式塑造你的反应和行为。有时候这样做很困难，但追溯消极经历并将其重新转化为积极的经验，其效果是非常强大的，而且这个行为就在你的掌控之中。你想追溯和重构哪一段、两段或三段经历？我选择把我们的家具被回收从个人财产的损失重塑为坚韧、纪律和毅力的获得。

（2）重构未来

为了让你对理想的日子抱有很高的期望，你必须有梦想、愿望或重要的想法，并且你已经肯定了这一想法。大大的梦想或愿望会让我们像一个赌徒一样把拥有的一切都押进去。在那一刻，我们会说："在任何情况下，我都不会否定这样的个人和职业生活，这就是我想要的生活。"当你实现自己的领导目标时，没有出路，也没有退路。当你说"我会做到这一点"时，你已经确认了你想要的"理想的一天"。

（3）校准现在

重新校准你的现在，需要识别你不应该做的事情和你应该做的事情。这一策略需要审视你过去一年的工作，有哪些成功了，哪些没有成功。什么东西能提升你的表现和满足感？是什么给你带来了希望，什么造成了焦虑？确定目前阻碍你工作的事物，并尽可能去减少或消除它们。找到那些能帮助你快速成长的东西。

如果你能追溯自己的过去，重塑未来，并校准现在，你就可以过你理想的日子。但要提前警告：你所能做的最具变革意义的行为就是宣布你的理想生活，并怀着信念和坚定的意志向它迈进。当你表达自己的理想时，与你信任和尊重的人分享它是非常重要的。当你与他人分享自己的理想和对理想的追求时，它就变得真实而有形了。这并不意味着每一天都是理想的，但它确实意味着理想的日子将会大大增加。

以下几章的内容会为你目前为止做的所有工作提供支持。在接下来的一章中，你会把你所学到的东西运用到专业工作中去，同时也会让你在收入、业绩和个人职业关系的质量上有显著的提升。

第二章
承诺原则

承诺、保证和誓言的区别

4 年前，我的妻子艾莉森在普吉特海湾附近的一个安静的社区找到了一所很不错的房子。她坚信这座自 1957 年建成以来从没维修过的房子将是一幅令人难以置信的空白画布，我们可以在这里创作出西北区的当代绿洲，俯瞰整个普吉特海峡。然而我没有看到那样的景象。我只看见腐烂的地板、旧地毯、狭小空间，还有隔壁令人抓狂的公鸡。

但是艾莉森带我去看了 3 次，通过她的描述我开始看到这个房子的潜力。她带我走到楼下的壁炉前，我转过身去看到一个 6 英尺（约 1.8 米）宽、10 英尺（约 3 米）高面朝大海的窗户。她说："这将是克莱瑞斯咨询公司（Claris Consulting）的总部。这就是你的办公室。我向你保证，在这里你会感到思维踊跃，充满雄心壮志。"

我相信她。当我在参加一个为期 3 周的商务旅行时，我签署了授权书让她去购买这个房子。

什么是承诺？

承诺是一种持久的认同，是对他人保证我们会做或不会做某事。艾莉森向我承诺了我梦想中的办公室，她竭尽所能地来实现她的承诺，甚至包括延期其他地方的装修。她推迟了厨房的重修，清楚地向我表达了她做出承诺并不是为了骗我买房子。她是认真的，哪怕兑现承诺需要推迟她梦想的厨房的修缮。

下面是我从艾莉森身上学到的 5 个深刻的教训：

①没有更高目标或意义的承诺几乎没有积极的影响；

②承诺是自愿的而不是强迫的；

③兑现承诺需要对很多事情说不；

④对我们关心的人做出承诺会有很大的压力；

⑤承诺关乎信誉和信任。

艾莉森清楚地看到了我没有看到的——这个房子的前景，并且她知道总有一天我会看到的。她非常坚定地绘制了这个房子未来的样子。她知道自己希望拥有一个有山有水、能看到自然风光的家，家中有整洁和时尚的空间，有娱乐的空间，还有一个让我工作的区域。她的决定是为了让我们的梦想成真。她承诺给我的办公空间对我有很大的影响，因为我知道这是她对我事业的期望。

承诺是自愿的而不是强迫的。承诺必须是自愿的。当许下承诺仅仅是为了安抚某人或者仅仅是为了扭转局面时，这些承诺就变得空洞而又有操控性。艾莉森主动且自愿承诺了我们的房屋修缮计划，并把最重要的事情传达给我：拥有我们共同梦想的家园。

承诺也需要说“不”。我们清楚地知道修缮房屋的成本是多少。如果你获得了3个报价，把它们加在一起，这就是装修的成本。我们知道必须对某些事情说不。例如，洗手间的装修会排在最后。从领导的角度来看，艾莉森管理着我们的承包商，并且不断地对改进的想法说“不”。如果有一百万美元的预算，我们可以对更多的想法说“是”，但是我们没有这么多的预算，所以说“不”变得至关重要。做出承诺也是如此。如果你许下一个承诺，为了兑现你的诺言，你必须拒绝什么？

当我们向关心的人许下诺言时，承诺的分量是很重的。我们并不会向在周三晚上八点打电话的推销员做出承诺，即使做出承诺，也是为了尽快挂掉这个电话。对孩子、配偶或老板许下承诺是完全不同的情况。当我们向那些对我们很重要的人许下诺言时，承诺就会有更大的重要性，我们也会有更高层次的认同的思维方式来兑现它。

信誉和信任是承诺的组成部分。毫无意外，信守承诺比任何领导发展计划都更能让员工和客户体会到管理者的信誉和可信度。实际上，成为人们愿意遵从的管理者有一个非常简单的规则：言行一致。这就是艾莉森在房屋修缮项目中做到的。当我们的承包商估计每项预算都有偏差时，她坚持了自己承诺过的事情。在预算失控的关键情况下，我一直相信她知道该怎么做。

为什么要在乎承诺呢？你应该在乎，因为你的员工和客户可能都听说过，领导许下承诺后并不兑现承诺。如果他们只是在忍耐这个领导，他们会厌倦、不听从、不信任管理者。当管理者告诉员工或客户他们想听的内容，然后做其他的事情，就会产生一个信誉差异。这个差异会让员工不相信任何信息，因为他们并不信任这个信息传达者。

我们对自己做出的承诺能够激发信任感，然而，这些承诺是不是很容易就被打破？有时我们的工作和生活似乎被一些夺人眼球的事物挤压得喘不过气来。因此，我们很难向自己或其他人兑现承诺。因为我们不打算去重视我们的承诺，所以很难去兑现它们。在“承诺原则”这一章节中，你将研究重视承诺会如何提高你的领导能力和目标。

衡量承诺

考虑一下你在工作和家庭生活中做出的不同承诺。承诺的类型可能包括在截止期限前完成工作、在预算内完成工作、完成对同事的许诺、为达成目标采取的行动等。列出你经常做出的8~12个承诺。列出清单后，根据你在清单上承诺的兑现情况对它们进行评分（1= 很容易不遵守，5= 一直遵守）。

回答下列问题，然后再进行评分。

①你会遵守什么类型的承诺？

②在什么情况下，遵守诺言更困难？

③这些选择的关系是什么？

④这些承诺与你的目标有什么关系？

为了实现自己的目标，你需要对自己做出 2~3 个什么承诺？哪些重要的承诺与你的目标是一致的？

为了实现自己的目标，你需要对你的员工、客户、老板、董事会、家人和朋友做出哪几个承诺？你想要做出哪些与目标一致，且能产生信誉和信任感的重要承诺？

在你开始思考为什么缺乏承诺会造成恐惧、模棱两可和不确定性之前，列出对你自己来说不可协商或妥协的承诺。有一些承诺是你会对最重要的人做出的。如果这些人真的很重要，你不会只是在脑海里想想这些承诺，而是会用白纸黑字写下来，让你的承诺更加具体和有形。

为什么没有承诺你会常常感到忧虑、模棱两可和不确定

忧虑、模棱两可和不确定的根源是什么？是恐惧。如果我感到忧虑，我其实是在害怕未知的事物。当事情模棱两可时，我不确定会发生什么。面对不确定，我可能会担心下一步该做什么。我不想失败或失去一些重要的东西，所以我退缩了。

当聪明、有才华、积极向上的员工都站在场外，而不是跑到场上大喊“让我参加比赛”时，就是表现不佳的一个迹象。

谈到我们的工作生活时，很多人都活在恐惧之中。对某些人来说，是财务恐惧。对其他人来说，可能是情感上的恐惧。无论是哪种来源或类型，恐惧都会在长时间内对个人和职业的成长产生负面影响。恐惧可以成为行动的催化剂，但是令人备受鼓舞的表现和进步永远不可能在恐惧心态的阴影下实现。

有些人说恐惧可以是我们生活中的积极因素。当涉及对冒险行为的一些谨慎态度时，这可能是正确的，但在商业世界中，被恐惧支配犹如自我毁灭一样。当我们感到恐惧时，我们会想着不要输而不是如何去赢。

我最近才知道“不要害怕”这句话（或类似的劝告）在圣经中出现了 365 次。也就是说几乎一年中的每一天你都会收到一句这样的劝告。想象一下，如果你告诉自己，当你被锁在栏杆上时，没有人会去救你，没有人会朝你扔西红柿，会发生什么？

相反，对自己和员工做出什么承诺会让你将自己所有的精力集中在积极主动地应对挑战上呢？如果你承诺会在工作和生活中主动寻找解决问题的方案，同时消除恐惧思维方式带来的焦虑，你的表现会发生什么变化呢？我相信许下这个承诺会让你得到释放和强大的力量。

让我们明确一个点：在商业世界中，随着恐惧的增加，绩效会下降。如果市场维持不变，但业绩却下降，我向你保证背后一定有让人恐惧的原因。恐惧可能表现为对一份新工作或责任的焦虑。也可能表现为对财务预算消减或资源缺失的担心。无论哪种表现方式，这种思维都会导致公司停止进步，需要新的承诺来纠正它。

消灭恐惧最好的方法是找出造成恐惧的原因。如果你能明确恐惧的原因，你可以重新引导它，使它对你和你的团队来说没有那么可怕。在长期作为高管和企业家教练的工作生涯中，我发现了以下 7 种最常见的恐惧类型。花时间考虑每一个，并找出那些对你来说有挑战的类型。

1. 担心问责

对责任感的担忧是双重的。对于管理者来说，让某人负责任，他们可能会感到不安或挑战自己的观点。在我合作的一个公司里，一位高级管理人员由于自己的工作风格而害怕让他人负责任。她是一个非常直接、只关心财务盈亏的领导。她的直接下属则是以关系为中心、追求和谐、规避风险的员工。这位领导者害怕自己的领导方式会令人反感，担心她追责的方式会给员工带来伤害。因此，只有在舒适的环境下承诺，明确的期望、工作问责矩阵和最佳流程才会被建立。如果有人感到不舒服，谈话就结束了。

2. 害怕犯错误

害怕犯错误对许多公司来说都是真实存在的。在一次战略计划会议上，我听到行动部门的高级副总裁非常诗意地谈论冒险和提高绩效，最终却用坚定的语气灌输恐惧和恐慌，他说："当然，你的冒险一定是成功的。"这意味着员工唯一的选择就是成功，失败无异于犯下叛国罪。在这种情况下，大多数员工选择不冒险、不承担风险也就不足为奇了。这位管理者无言但强有力的承诺是"成功或者离开"。

3. 害怕离开一个消耗精力的工作

由于工作环境中的年龄歧视，与我交谈的50岁（及以上）高管都表示害怕离职，尤其是女性，这种恐惧会更大。是否有些公司偏向聘用年轻的员工？是。是否真的有歧视？是。然而，现实可能被夸大了。这种恐惧并没有认真考虑一个执行人创造的价值或通过多年的显著工作开发出的商誉和品牌。

我发现这种恐惧的根源在于没有信心能够找到带给自己生命力的理想生活。没有许下创造理想生活的承诺，我们只能说服自己留在这个岗位上，不断消耗自己的精力和生命力。

4. 担心被视为不聪明和不成功的人

追根溯源，这种恐惧源于自我怀疑。这是一种典型的顶替者综合征，员工和管理者认为自己“非常幸运能得到这份工作”，而不是“公司非常幸运能够雇到有才华的我”。我曾与一位拥有5个常春藤盟校学位，智商高于99%的“普通人”以及他的同事交谈过。在和他的谈话过程中，我意识到他获取5个学位主要是为了说服自己是个聪明而成功的人。这种不安全感向他的同事传达了一个信号：每当他参与讨论与工作有关的问题时，他会竭尽全力让自己被视为最聪明的人。他的恐惧抑制了自己的创新、合作和更好的表现。

5. 害怕惹怒你的老板或领导

害怕惹怒你的老板或管理者的恐惧通常与带来坏消息有关。这种恐惧可能源于一个人的不安全感或老板对坏消息的低忍耐度。一些老板害怕坏消息，所以他们穿上凯夫拉尔（英文原名KEVLAR，是美国杜邦公司研制的一种芳纶纤维材料产品的品牌名）防弹衣，以抵御所有的坏消息。当员工害怕看到老板发火或担心浪费他们的时间或精力时，他们发誓要避免这种情况，让其他人变成更坏消息的承受者和传达者。这些策略对公司的发展并没有好处。

6. 害怕失去获得的成功，即使能够走向更大的成功

有些团队和管理者认为成功仅仅是靠运气。他们认为成功是天时地利人和，没有办法被复制。每当新的想法出现时，他们会基于这种思想反驳道："我们过去不是这样做事情的。"

管理者可以从过去学到很多东西，但真正勇敢的行为是离开已知的、可预测的和确定的事情，让自己去思考和面对不同的事物。除非现状要求你不断地进行实验和创新，否则维持现状的承诺就是错误的。

7. 害怕投资自己

毫无疑问，最快速最有效的成长方式是找到一个导师或伯乐。7 年来，我接受艾伦韦斯的指导。他是咨询行业的摇滚明星，撰写了 64 本关于个人咨询的书籍。毫不夸张地说，我与艾伦一起工作的投资回报是 10 倍。然而，太多的管理者因为害怕投资自己而不愿与教练或导师合作。一个管理者可以获得的最大投资回报就是向自己和员工保证：个人和职业的发展是必要的，管理者自己通过与教练或导师合作成为团队中其他人的榜样。当管理者这样做时，他传达了一个明确的信息，即个人发展并不是一个口号，而是一个不可妥协的承诺。

哪种恐惧最阻碍你的表现？哪种恐惧最阻碍员工的表现？

如果这些恐惧都不是问题，你最担心的是什么恐惧？这一部分内容试图通过促使员工期待和信赖管理者来减少他们的不确定和忧虑。作为变革型管理者，你有机会让员工在工作中更有安全感，从而做出更高质量和更有价值的工作。

花几分钟时间思考一下员工在工作中可能会感受到不确定、忧虑或模棱两可的行为或话题列表。然后，头脑风暴一下，列出你可以做出的 3 个承诺，以减轻其中的一些恐慌。你的想法是下一部分内容的起点，下一部分我们讨论承诺会如何影响一个人的行为。

承诺作为影响行为的工具

在本节中，你将了解到承诺影响行为的 6 种方式，并明白你做出或将要做出的承诺会如何影响最重要的关系。承诺以两种方式影响人们：遵守承诺可以建立信任、尊重和信用；违背承诺则起到相反的效果。违背承诺不仅会影响任务和工作，还会对领导力产生更大的负面影响。

你会如何回应一位不遵守承诺的同事？这可能取决于承诺的大小或对你自身的重要性。违背承诺的连带影响是什么？如果你对这个同事感到失望，进而妨碍你按时交付项目，这个影响是沉重的。违背承诺的频率有多重要？对一次性违背承诺与持续性违背承诺的看法是不同的。当承诺失效时，你给别人什么建议？为了使承诺对其他人产生积极影响，有以下 3 个重要的方面是必须要考虑的。

1. 承诺必须创建一个清晰的未来情景

承诺需要清楚、明白地交代各利益相关者未来的方向。没有只给出大概想法或主题的承诺，承诺应该是具体的。比如寻找一个新的合作供应商。这个过程可能需要花费 3 个星期，但只要许下找到新的供应商的承诺，你就可以清晰地预见产能增加、准时交付率提升，你会睡得更踏实。作为生产经理，明确的未来状态可以帮助你减轻焦虑、提高工作效率和改善业绩表现。

承诺会促进协作。不一致的轮胎花纹会使汽车浪费能源并磨损轮胎。当花纹一致时，不一致的低效就会被消除，轮胎的寿命也可以明显延长。承诺的道理也是一样的。当双方目标明确的时候，对期望、结果或其他方案的想法不一致就都消除了。

2. 承诺必须明确结果和期望

承诺已经潜在地表达了结果和期望。例如，当管理者承诺完成一个关键任务时，他们其实已经默许了其他人直接或间接表达对该承诺的期望。毫无疑问，在这个需要做得更多、更快、更好、更便宜的商业世界，以清晰的语言表达期望得到的结果会让下属感到更加自信、更加乐观。

3. 承诺必须有清楚的交流

做出承诺有一个关键的前提。每当我们通过承诺传达期望和结果时，我们必须百分之百地承担该承诺对他人产生影响的责任。管理者可以用“这不是我的意思”这个理由来辩解的时代已经过去了。清楚的交流，特别是关于结果和期望的沟通，需要管理者了解沟通对象的语言偏好，并以最适合他们的方式进行沟通，而不是以最适合领导的方式沟通。

还有一个前提是，被承诺的人只会在对方没有为违背承诺找借口的情况下才会给予灵活看待和理解。这对提高信誉至关重要。例如，有一个回复是这样的："我失败了。我被老板最后的要求分散了注意力。我不是以此为借口，只是解释一下我为什么会失败。我在周五下午 3 点之前完成可以吗？"

关于清楚的交流还有一点很重要。当感受到信任和尊重时，大多数人会有积极的意愿并采取相应的行动。管理者的主要工作是展现信用和尊重。当管理者这样做时，他们的信誉会增加。

毫无疑问，你已经做出了需要实现的战略重点的承诺。如果没有这样做，你就还不是有效的管理者。然而，管理者往往缺少的是意义重大的、勇敢的承诺。基于你在目标原则部分——"你在销售什么？"和"你理想的生活在等着你"中所阐述的内容，考虑你会对哪些重要的人做出什么样的承诺？

变革型领导者通常会做出以下 5 种承诺，分别是：

①对自己的承诺；

②对员工的承诺；

③对客户的承诺；

④对老板和领导的承诺；

⑤对家人和朋友的承诺。

在我们讨论无目标承诺的危险之前，为列出的 5 个领域分别草拟 1~3 个承诺。以下是我提出的几个例子，供你参考。

对自己的承诺：我保证无论什么样的工作情况，我都会在星期一、星期三和星期五早上 6 点锻炼 60 分钟。我会每周吃 3 次健康餐，并利用那段时间来为自己充电，调整和激发我对工作的热情。

对员工的承诺：我保证会带领团队继续努力工作，同时持续关注需要改善的地方。（这不是一个口号或者待办事项，而是一个让团队专注、积极工作的承诺。）

对客户的承诺：我承诺我的首要目标是让你的生活更加轻松。我会征求你的意见和建议，并根据你的反馈采取相应的行动。我会告诉你我了解什么，我能做些什么，以及什么时候可以完成。

对老板和领导的承诺：我承诺不会给你带来没有解决方案的问题，除非我不知道如何去做。我承诺会恭敬地向你表达自己的意见并支持你。

对家人和朋友的承诺：我保证每周两次准时在下午 6 点 30 分与你们共进晚餐，并在我们吃晚饭的时候关掉手机。你们对我很重要，虽然我的时间有限，但我保证与你度过高质量的时光。

这 5 个方面都要兼顾到。仅仅对自己承诺而没有对他人承诺是自私的表现，等于宣称你是这个关系中最重要的人。只是对他人做出承诺而没有对自己承诺会给自己带来伤害和牺牲。你会对谁做出什么样的承诺？

没有目标的优先级考虑是降低绩效的催化剂

在开始设定优先事项之前，我想先对你们为明确目标和承诺所做的工作表示赞扬。当你完成“目标原则”这一章的内容时，肯定抱着实现目标的期望学习“承诺原则”。毫无疑问，这是领导力开发的一个关键内容，虽然具有挑战性，但会为你提供 10 个重要优势。这些优势将成为你实现工作转型、创造激情、创新和完善思维方式的催化剂。

1. 清晰

具有明确而有说服力的目标的第一大好处是，你知道什么对你很重要以及为什么很重要。这不是一个简单的问题。毋庸置疑，我所接触过的最成功的领导人都非常清楚他们正在做的事情。他们已经找到了一个大的目标，并不知疲倦地努力去实现它。他们明确地知道自己的方向并集中精力往这个方向前行。

2. 控制力

明确的目标会赋予你更强大的控制力。不是针对发生在你身边的事情，而是指所做出的选择的控制力，你知道自己想要的职业生活和经验，你会做出相应的选择来实现它。当管理者表达他们热爱的事情、他们的才能以及他们创造的价值时，这些都是领导力的体现。当你有一个坚定的目标时，你会感受到一种强烈的控制或驾驭感，因为你的职业生活不再受公司高层领导的想法或指示决定。此时你坐在了职业生涯的驾驶座位，不再是坐在后排，不再是简单的希望能搭个便车到达一个有意义的终点。

3. 一致性

为了保持一致性，管理者必须知道他们想做什么以及什么时候需要这样做。在本书的第一章中，你已经有机会去表达什么对你来说是重要的，你不愿意放弃什么事情。如果——这是一个大写的如果——你没有坚持自己的目标和对现任何郑重的承诺，这就是言行不一致的表现。在这种情况下，设定目标就相当于立下一个“没有最远，只有更远”的旗帜。你需要抛弃失误和错误的开始，承诺自己要言行一致。这样你会更加坚定自己的信念和立场。

4. 承诺

承诺与服从之间有着天壤之别。服从是指开始做某件你愿意做的事情。当同事被要求完成一个报告时，他可能会说：“好吧，我们应该完成。但是你知道我快要休假了，休假回来孩子又开学了，我还在教堂里新开了一门课程。”承诺则是不一样的感觉。更像说：“好的，这个报告非常重要，我会在下周五中午之前给你。”当你计划领导目标时，从某些方面来说你是在制定领导独立宣言。就像美国的开创者一样，你会严格按照这个宣言行动。你的目标就是承诺要过有意义的生活而不是意外的生活。

5. 信用

人们会注意到你说的和你做的。如果言行之间有差异会让人质疑你的意图、诚意和信用。变革型管理者应该认识到他们说过的话很重要，他们应该努力地去兑现许下的承诺——不仅是为了他们自己的利益，而是为了团队中的每个成员。当他们言行一致时，可信度会增加，领导的有效性和公司业绩都会提高。

6. 信心

这听起来也许会违反常理，但是作为一个管理者，你的信心不是在看到实现目标的利益时显著增加的，而是在你非常坚定地相信自己的目标会实现时增加的，你会毫不犹豫地说：“这是我想要的，我会得到它。”变革型领导并不这么认为，他们接受“当我相信它时我就会看到它”的观点。对管理者而言，这并非盲目天真。是的，他们认识到变革型领导的第 6 个原则“坚持原则”对于发展至关重要。他们明确地知道，如果他们和团队成员的思维方式都充满怀疑和不确定，那么完成变革的可能性就会大大降低。反过来，他们的信心并不在于成就的绝对性，而在于具有说服力的目标以及完成变革成就的可操作流程。

7. 社区

一个具有说服力的领导目标会吸引志同道合的管理者、同事和利益相关者。除了已知的优点外，有目标的管理者分享对他们来说重要的东西，这会像磁铁一样吸引着那些渴望为自己和其他人创造相同经验的人。同时，他们的行为和信仰会呼吁有相同希望、梦想和愿望的其他管理者一起创建一个拥有共同愿景的社区。这个社区会成为一个激发灵感、追求梦想和共同成长的地方。

8. 坦率

对于许多管理者来说，他们在明确目标之后所展示的坦率程度明显提高。有了明确的目标，他们就会清楚、自信地表达出事实，说出他们的期望，如何行动以实现目标以及表明哪里达到了要求，哪里还有改进的空间。目标成为减少冲突的催化剂，因为当变革型领导强烈地相信他们的目标时，他们不得不每天强调并采取措施来实现它。

9. 协作

为了有一个明确的目标，管理者必须弄清楚他们热爱什么、他们独特的技能是什么。他们知道自己提供的价值，不需要再向他人证明自己。明白这一点的管理者才能发挥领导力，组织更多志同道合、才华横溢的人加入自己的项目或团队。团队成员之间私下较量减少，才会加速创新和成长。变革型管理者应该知道，在许多情况下，两个头脑比一个好。当完成计划原则和说服原则时，你就会了解到如何选择项目成员。

10. 勇气

勇气这个词来源于法语单词“coeur”，意思是“心脏”。在我们尝试弄清楚你的目标是什么时，第一个问题就是：“你热爱做什么。”本质上的问题也就是你工作的核心是什么，你不愿意放弃什么。你的回答是你领导的核心。然而，勇气并不意味着消灭恐惧，你从来都不必勇敢。相反，你每天要做的最勇敢的行为就是朝着目标前进，而不是让你工作中琐碎的事情决定你的方向。有了明确而强大的目标，你会发现蕴含在领导力中的勇气是惊人的。你会更敢于想象，设定更宏伟的目标，并热爱自己和其他人思维方式的转变。

毫无疑问，你已经体会到了其中一些优势的力量。我了解到的绝大多数管理者都希望获得这些优势。谁不会呢？然而，很明显在他们的能力范围内有且仅有一个原因导致他们还没有获取这些优势：他们没有花时间去思考他们热爱什么，他们独特的能力或才华是什么，以及如何为别人创造价值。

实现变革成果的起点是目标原则，在没有清晰、明确的目标的前提下为你自己设定优先级是造成挫折和业绩下降的一个主要原因。在继续下面的内容之前，请坦率地回答自己：我的目标是否已经重要到我愿意向主要的利益相关方做出不可协商的承诺，并以新的、有效的方式设定工作优先级？如果答案是肯定的，你会非常喜欢下一节的内容。如果你的答案是否定的，请复习目标原则这一章的内容，并找到一个吸引你的观点，以及让你无法忘怀的想法。明确一个想法、梦想、希望或愿望是作为管理者所经历的最令人兴奋、释怀和最具变革性的事件之一。

当一切都是优先事项时，什么都不是优先事项

什么是优先权？这个词来源于盎格鲁—诺曼语单词“Priorie”，意思是“在宗教秩序上长于或优越于”。小修道院是由年长的修女或院长管理的小寺院或尼姑庵。在当今世界，优先权是由更高级别的人管理的。在本节中，我将说明你的最高优先

级最好是以目标和承诺导向的。你需要有目的地而不是偶然地去以目标和承诺驱动行为。

作为一个曾经非常纠结设定优先级的人，我可以负责任地说没有清晰的想法和目标就去排优先顺序是非常愚蠢的。我会根据出现在面前的工作设定优先顺序，同时迷恋于这个想法的新颖性及其内在的可能性。我相信这样定下的首要任务都可以或应该被立刻完成，但是这种方法缺乏对工作相对重要性的辨别，进而影响设立有意义和明确的优先顺序。

当然，除非优先顺序与金钱有关。在很长一段时间的职业生活中，我的首要任务就是赚钱、成功和职业发展。我将这一点，由财务奖励驱动的优先事项置于业务交易的前面。虽然经济回报并不是一个坏事，但我把它变得过于极端了。我的思维模式仍扎根于贫困，并促使我尽可能快地去改善财务状况。这意味着我把赚钱放在第一位，优先于其他人的福祉、我的健康和我的私人关系。我并不自豪，但我对金钱有着复杂的感情和依赖。

你的思维方式也会影响你的优先事项。想象一下，如果你 3 天没有吃东西，毫无疑问食物将成为你的优先事项，锻炼和心脏耐力将不再是重中之重。如果你失去工作两年并且因为经济条件不得不让你的孩子离开大学，毫无疑问，薪水就是首要任务，对这份工作的热爱将成为次要事项。

我的绝大多数客户没有将他们的下一餐或一张支票作为优先事项。他们的首要任务是完成他们的待办事项。正如我曾经听到的有些人对工作生活的形容一样，他们成了“行为而不是人类”。

他们变得非常专注于检查待办事项上的项目，以至于他们已经麻木到不再关心这些待办事项是否有正确的优先级。

值得庆幸的是，改善优先级设定的方法并不是努力，而是需要有事后觉悟、先见之明和每天依据承诺和目标采取行动的坚定的决心。大多数管理者都没有拒绝不断增加的优先待办事项——由于有限的时间和精力，他们永远无法完成这些优先事项。

是的，在某些情况下，努力至关重要，但是管理者需要的是更多的勇气和自信来确定接受什么和拒绝什么的标准。如果没有这份勇气和自信，管理者会持续感到力不从心。下面是两个简单、方便的技巧，可以帮助你了解如何进行优先级的设定。

1. 事后觉悟

为了弄清楚你自己定了什么样的优先顺序，你要先打开你的日历，看看前四周的工作安排，然后回答下面两个问题。

①在已明确目标的前提下，我可以有把握地说，如果有人要翻看我的工作日历，他们会知道什么对我很重要、我关心什么吗？如果是，为什么？如果不是，他们认为我的首要任务是什么？

②我如何以及在哪里花费了时间，我遵守或忽略了哪些承诺？

2. 先见之明

下面是帮助你建立优先级设定能力的自我评价清单，共有 5 个问题。

①你有多少个优先事项？你有超过 5 个以上的优先事项吗？如果是的，你就设定太多了——特别是当它们都是关键、影响重大的优先事项时。

②什么是你的首要任务？你醒来时会想到，睡觉前担心的一件事是什么？不断在你脑海中浮现的事情就是你的首要任务：是成就、晋升、加薪、与工会打交道或是与管理层打交道，还是增加收入或利润？在你脑海中不断重复的事情总会成为你的首要任务。

③你的客户是否优先？如果你的客户被问到他们是否觉得自己是贵公司的重中之重，你会响亮地回答“是”吗？不是空泛地肯定，而是一个响亮的“是”。如果是的话，为什么是这样以及你应该保留、暂停或重新启用什么优先事项来维持这种情况？如果不是的话，你应该设定什么优先事项来解决这个问题？

④你的员工是否优先？如果你的员工被问到他们是否是贵公司的重要资产，你会响亮地回答“是”吗？再次重申，不是含糊地肯定，而是一个响亮的“是”。如果是的话，为什么是这样以及为了保持这种成功，你必须保留、暂停或开始启用什么优先事项？如果没有，那么需要优先完成什么事情来解决这个问题呢？

⑤你的目标、承诺和工作重点之间是否一致？你的老板或公司对你的最高要求是什么？他们对你的最高要求是否与你的领导目标和承诺一致？

实际上，只要冷静地选择优先事项，领导效力自然会增加。本书旨在向你解释如何根据目标和承诺来制订优先事项以及如何坚持每天践行这个原则。因此，为了有效制订优先事项，你必须理解两种力量。

第一种是妨碍你履行承诺和实现目标的制约力，第二种是驱动力。驱动力是促使你实现承诺和目标的力量。我们通过一个忠告来了解这两种势力：制订明确的优先级并不需要你过度地考虑工作过程。接下来的这个步骤会告诉你如何正确区分帮助或阻碍有效优先级设定的事项。请相信这一步骤，并设法确定你可以采取的一项行动以减少制约力或增加驱动力，因为他们每一个都是有意义的。

没错，我说的是只采取一项行动。当每天采取一项行动成为管理者的优先事项时，你会更快速地学习和确定哪些行为有效，哪些无效以及哪些需要有后续行动。你会不断重复，通过这样做，你的领导能力能持续增长。

力场分析

力场分析是许多组织常用的且非常有用的工具。具体而言，他们帮助领导和团队确定支持和阻碍他们完成项目或实现目标的力量和因素。

1. 制约力量

履行诺言的制约力量是什么？这些可以是人员、过程或可用资源。尽可能多地列出造成障碍的因素。对管理者来说，力场分析有助于确定阻碍你达到目标的因素，比如花太多时间在无效的会议或工作以外的委员会上。

2. 驱动力量

什么驱动力量可以确保你的承诺和目标能够成功实现？这些力量也可以是人员、过程或可用资源，比如促进客户体验或帮助员工发展的热情。力场分析将帮助你思考以下问题。

①我想达到的最终承诺、目标或目的是什么？

②兑现承诺的所有制约或推动力量是什么？

③这些力量或因素的优先级排列顺序是什么？

④哪些力量是最重要的，需要立即解决？

⑤我需要采取的最重要的行动是什么？

⑥我会在什么时候实施这些行动？

⑦我会选择谁作为我的问责伙伴，我什么时候会与他们讨论我的答案？

实时调整优先事项

有一句谚语说：没有计划就是计划失败。到目前为止，你已经明确了哪些优先事项与你的目标一致，哪些不一致。那么，接下来要做什么呢？

在不过度简化优先级制定并尽量减少每天要面对的紧急事项的情况下，下面你需要采取的最重要的一步是选择投入时间和精力的目标。优先事项会获取你的精力和时间，因此你需要知道把精力和时间投入到哪里是非常重要的，特别是在下一章中，我们会关注对你和公司有重大变革意义的工作和项目。

你有没有表达你的承诺？你能看到承诺和目标之间有直接的

联系吗？是否有一个或两个承诺，如果你兑现它，会对最重要的人产生积极的影响？是否有一个承诺，如果你兑现它并将它视为首要任务，就会有更大的满足和幸福感？你会采取哪一步使它成为现实？这就是你开始的地方。

第三章
计划原则

计划：领导力培养练习

不幸的是，在许多公司中，“计划”这个词会引起负面的反应。制定计划意味着烦琐迟缓的工作。很多人都认为做计划浪费时间，只有缺乏创造力和工作热情的人才会需要计划。同时，他们也因为感觉行程紧张、过度劳累和压力过大，想要去参加项目会议、做更重要的工作，于是便将制定计划从待办事项上划掉。人们认为相较于创造高价值、有意义、有趣味和变革型的工作方法，做计划就是在浪费时间。

我们可以用两种方法来思考“计划”这个词。第一种方法是将其视为名词，表示项目。项目包括规划和设计工作，以取得积极的成果，比如它可以指一个研究项目。管理者喜欢这种意义上的计划，因为它意味着有意义的工作正在开展，通过合适的项目管理技巧可以获得成功。

第二种方法是将其视为动词。这个词表示向外扩展，超越了别的东西，就像电影投射到50英尺（15.24米）宽的屏幕上一样。在这种情况下，计划与“在原始事物的基础上放大和拓展”是同义。

变革型领导的第三个原则更加关注作为管理者如何在日常生活中的沟通、会议、电子邮件和演讲中体现你的目标、承诺和优先事项。这是设计和完成领导力发展计划的入场券，邀请你成为在工作环境中能快速、坚定地做出计划的管理者。

我觉得用“灯泡”这个比喻可以很恰当地形容领导力。想象有两个灯泡。一个是在你家里随处可见的 100 瓦灯泡。大多数人选择灯泡时会考虑瓦数，同样重要的还有亮度和光通量。靠近你座位的 100 瓦灯泡的平均光通量为 1600 流明（光通量的单位）。

另一个是露天汽车影院的照明灯，用来将电影投射到 150 英尺（45.72 米）远，50 英尺（15.24 米）宽的屏幕上的灯泡需要具有 33 000 至 40 000 流明。光通量越大，图像就可以被投放得越远。

这一原理也适用于领导力计划。你的计划流明量越高，或者说热爱和激情越高，你可以投射或影响的观众就越多。不论是家中的灯泡还是露天电影院的照明灯，在开始使用之前都需要经过准备。在这一节中，你需要清除针对计划的过时认知，树立成功所必需的思维方式。实施以下战略可以让你更快地获得成功并得到更高的满意度。为了制定变革型的领导力计划，你需要采取以下 5 种战略。

战略 1：从小事做起

当涉及变革型的工作时，人们遇到的头号问题就是每天都在处理各种紧急状况，忘记了为实现自己的目标而做一些小事。我并不是暗示说你需要谨慎考虑你想要实现什么或者你能够实现什么。我的建议是你需要每天从小事做起，当不断重复去做时，它会帮助你完成变革计划。

曾经的铁人三项运动员的经历，让我学会了以每4周和每季度为基础来计划一年的训练课程。在完成了半铁人三项项目（游泳1.2千米，骑车56千米，长跑13.1千米）时，我在脑海里想象这是完成完整项目时的情景，同时坚持努力完成未来4周的训练课程。这个过程就是分段，包括3周的强度和持久度训练，然后是一周的恢复训练。这个过程能帮助你变得更快、更强，同时减少受伤的概率。

变革型领导计划也是这样的。为了取得成功，不要过于纠结改变具体某个业务方面的愿景，但是要在接下来的4周或者一个季度，坚持不懈地做能够实现成功的每一件小事。在这个过程中，你可以实现多个胜利或成功，同时产生更高的紧迫感和专注力。

战略2：控制你的思维方式

我的私人教练曾经告诉我，相较于锻炼，我的体型更多的是由我的饮食决定的。他提醒我如果我继续吃巧克力蛋糕、薯片和比萨，那么我做的有氧运动和举重训练是不会有效果的。他笑着说："如果这样吃的话，你根本不用期待六块腹肌。"我并不喜欢这种坏消息。

变革型领导会仔细选择影响他们的思想、控制他们自己内心的对话。他们从来不会说类似"我没办法做到"的消极语句，他们会用"我非常聪明，肯定能知道怎么做"的积极思维方式来取代消极的想法。这并不是盲目自信，也不是盲目乐观。这是非常务实和有效的做法，可以使你更集中地思考取得成功的计划。如果你想进一步学习实现这一过程的27种策略，你可以在www.clarisconsulting.net免费下载我的“掌握你的思维”（Mastering Your Mindset）特别报告。

战略3：制造焦点

当领导计划对你来说很有吸引力时，你肯定会把注意力放在上面，特别是当工作和生活一切顺利，没有任何紧急事件的情况下。但是当你身陷各种麻烦之中，想专注在领导计划上就非常困难。这时就需要为你的计划制造焦点。每天会有各种工作出现，打乱你的工作程序，所以你必须有一个明确而有说服力的理由来完成你的领导计划。在坚持原则中，你可以学习到更多的坚持战略，但在开始策划你的领导计划之前，你需要理解事情的发展往往会与你的计划脱轨，你会发现有很多人希望你能按照对他们重要的事情，而不是你自己的重点设定优先事项。在那时，一个坚定不移的焦点是至关重要的。

战略4：创造空白期

我们生活在关系紧密的文化中。我们通过手机和邮件与我们的上司、员工和同事建立联系。一项于2015年4月和5月进行的盖洛普调查显示：在非睡眠状态下，81%的成年人随身携带智能手机，其中80%的人会“每隔几分钟”查看一次手机。这种行为让你更加被动而不是更加主动。

我建议在你开始一天的工作和结束一天的工作之前都留出15

分钟的空白期。在这段时间内，你需要断开连接、保持掉线，盘点对于你的领导力、团队和工作，哪些行为是有效的，哪些是没有意义的。例如，我的一些客户会在工作结束前问自己下面这些问题。

①今天我最满意的成就是什么？

②是什么帮助我取得了成功，我能够做什么来利用这一成功取得更大的成就和满意度？

③我今天哪一方面做得不够？

④具体哪一方面导致我今天不够成功，哪些模式或主题需要我格外注意？

⑤明天我会在哪些方面做出改进？

⑥明天我需要做什么才能取得成功？

战略 5：聘请教练

如果没有教练，我们没有办法告诉自己逆耳的忠言，也不可能实现快速和稳定的提高。领导并不是一项单独互动，要成为一个管理者必须有下属。管理者也需要有一个人能告诉他们事实，为他们提供一个局外人的视角和观点。因此，教练和导师可以成为提升表现的加速器。现在，运动员、音乐家和 CEO 都需要有教练或老师。教练是讲真话的人，他们能告诉我们需要听的东西。没有第三方局外的观点，我们可能会一直以带有偏见的视角看待问题。

在进入下一部分之前，你需要了解：这 5 个战略连同你期望完成的计划一起，可以确保你能够取得成功。

计较投入是故步自封的行为

制订变革型领导力计划的第一步，也是最重要的一步，就是忘记你的方法论和以前的经验。当你抛弃方法论，你就可以在这一章中学习到新的知识。这可能并不容易，因为一直以来，我们都被灌输这样的信念：我们做的工作是至关重要的，只有做好才能成功。然而，这并不是事实。

10 年来，我一直担任一位高净值软件主管的财务顾问。在开始业务的前两年，我一直专注于成功管理资金的方法论。当你管理某人的钱时，这并不是一个坏主意，但是我是在与学术理论界的战略投资顾问一起工作，他们与合规部门一起合作以确保没有人被起诉，特别是我所服务的公司。

我相信并展现给客户的是，我管理资产的方法非常有吸引力以至于没有人能够拒绝这个逻辑，如果他们足够聪明的话，就会聘请我做财务顾问。我对方法论如此依赖以至于我忽略了客户真正关心的事情：帮助他们实现重要的财务目标。坦率地说，当时我更感兴趣的是投资组合的交易情况，而不是实现客户的变革期望。

在研究方法论并取得一定成功后，我参与了一次以价值为基础的对话。这次对话让我意识到处于中心和前沿位置的应该是客户价值而不是方法论。那时我与客户进行的一次简单对话，对话以“对你来说重要的是什么”开始，通过询问基于价值的问题，我学到了许多令人震惊的东西。

在我与一对夫妇（丈夫是一位年收入超过 7 位数的医生）第一次的谈话中，我注意到丈夫提到了很多重要的字眼，例如投资回报、税务筹划、抄底投资和选择合适的投资工具。他的妻子则给出了不同的答案。她回答说她优先考虑“安全”。整整 10 分钟她都在跟我说她如何感到不安，他们还没有立下任何遗嘱，还没有任何以她作为受益人的保险单，他们结婚都已经 8 年了，她丈夫的前妻依然拥有一部分房屋产权。

她一边流泪一边说：“如果他发生任何意外，我就变成了流浪汉。”这位丈夫说这很荒唐，但是对她来说 8 年来这都是赤裸裸的现实。如果没有外人的帮助，他们可能会重复过去 8 年在财务规划方面的无所事事。他的妻子最想要的就是一个财务方案，能够消除财产管理方面的不确定性，打消她的不安和焦虑。

如果没有将重心从自己所做的事情（方法论）上转移，专注于优先级更高的事项，我可能永远都不会知道最重要的是：客户的需求。

直截了当地说，除了行业内的专业人士，没有人关心现代投资组合理论和投资组合优化。人们关心的是现代投资组合理论和投资组合优化能给他们带来什么。它们仅仅是管理财务资源的工具和方法，通过使用这些方法进行资产管理，让人们感到安全、快乐和自信。现代投资组合理论和投资组合优化能够帮助人们实现目标吗？当然可以。是否每个财务顾问都使用这两种工具有效管理客户的资产？是的，每一个。

但是，变革型领导知道强迫某人同意他们的观点并不是一个好的方法。你问过牙医他要使用什么类型的钻头来补牙吗？你问过维修工人要用什么工具来修理你的车吗？你能想象根据装修商使用的工具来决定是否聘用他们吗？我敢打赌，10 次中至少有 9 次你是根据对这个人的信任和尊重，以及他们是否能完成你的要求来做决定的。对我来说，当别人感觉到我并不想大谈方法论，而是更关心或者说我的优先事项是帮助他们实现最有价值和最富足的财产管理，我的收入会在 24 个月内翻一番。

你应该关注什么

我想表达的意思很简单：如果你是一个财务顾问、会计师、律师、工程师、IT 专家、人力资源领域或任何经过技术培训的专业人士，你需要停止过度热爱你的专业，尝试把重心放在让你的客户、顾客和员工感觉到在与你合作后，他们的生活会变得更加美好上。关注如何让他人的生活变得更轻松、更有价值会被你的顾客注意和感受到，他们会说“这个人可以提高我的生活质量”。为了传达这个信息，你需要改变谈话的方式和用语，从关注“你做什么、如何去做”到“对他们来说什么最重要”。为了让人们对你和你的想法表示肯定，下面几个问题非常重要。

1. 结果

①你想完成的最重要的目标是什么？

②完成这些对你来说为什么重要？

③如果你实现了这个目标，生活会更好吗？

④如果你可以确定在未来 3~12 个月内必须完成的优先事项，

什么情况发生你才会感到成功和满意

⑤你在实现这一目标方面的经验是什么？什么对你有用，什么对你没有用，以及发生什么你才会感到成功？

2. 标准

①你看到什么才知道你正朝着目标迈进？

②什么是可以接受的成就，什么是理想的成就？

③你想邀请谁来参与衡量进展？

④你将如何衡量进展？

3. 价值

①对你个人而言为什么这个很重要？

②如果你获得最高成就，会有什么不同？

③如果你一直失败，会发生什么？那对你意味着什么？

④没有完成这个目标，你个人、专业、经济和情感上的成本会是什么？

请注意，在对话中我从来没有提到过如何帮助他人去实现他们的目标。我唯一感兴趣的是，尽可能多地了解对这个人来说什么最重要。我想知道他们的期望、担忧、恐惧和愿望。当我清楚什么最重要时，我就知道了什么是优先事项以及如何去完成它们。

之前的问题主要有两个目的：首先，它们帮助你了解对别人来说重要的事情，以便你能帮助他们；其次，它们指导你思考自己的变革型领导力计划。当你能够回答“作为管理者，我想实现的最重要的目标是什么”这个问题时，你已经明确了你的领导力发展目标。每个问题的结果都整合了目前为止你所学到的东西。回答完这些问题后，你需要确保你的计划符合你的发展目标，包含明确的承诺和不可更改的优先事项。

如果你的方法论处于前沿和中心，那么客户的希望、梦想和期望就会退居二线，你的领导力只会是交易性的，而不是变革性的。变革型领导是否有一套典范的流程和方法来规范工作？当然有。

在阅读完本节后，你需要回答以下问题。

- 作为管理者我代表什么？
- 我是在参与以目的为中心的生活还是充满意外的生活？
- 我让人们的生活更轻松还是更困难？

一旦你爱上了你的客户或员工的希望、梦想和抱负，你就会学会如何创造兴盛的底线。

兴盛的底线需要有卓越的员工和客户

停下来思考一下“兴盛”这个词的意思。词典中的定义是：旺盛地生长、崛起、发展、昌盛，处于高生产力、卓越和高影响力的时期，创造强盛、发达的时刻。

你现在是否大胆地生活、高效地工作、处于积极向上的状态？你的员工目前是否优秀、能够快速成长、工作更加有效率？你的顾客是否卓越、发展迅速、通过与你的合作变得更加有影响力？你的员工会给出与你类似的答案吗？你的客户会给出与你类似的答案吗？

与一位最成功的客户工作的经历告诉我，领导所获得的个人的成功、成就、坚强和感动都会传达给他们的员工。没有成功的管理者就没有成功的员工。管理者与客户的关系也是如此。

当一个员工在公司里只求生存、工作效率低下、满足于目前的状况，而不是追求卓越，就算他们不满足于仅仅是发展客户这个想法，他们也会保持沉默。当管理者们不积极进取，他们就不可能成为促进利益相关者成长的典范和催化剂。

变革型管理者通过一个非常简单的三棱柱模型来看待他们作为管理者的角色和责任。他们通过我称之为“成功表现公式”来分析他们的工作，该公式有 3 个关键部分。

1. 管理者的工作是确保设计、实施和创造卓越的客户体验

当你完成了这项任务，你会发现，即使是在涨价的情况下，你的客户也会自发、重复地使用你的产品和服务，而且还会推荐新的客户给你。你会经常听到“西北设计公司的 CEO 告诉我，我一定要找你”。这些不会仅仅是一次性的评论。当你的客户群体在快速发展时，你经常会听到这样的评论。你会发现客户不仅对你的观点和产品保持开放和接受的态度，还会在做一些重大决策前打电话咨询你的意见。

2. 管理者的工作是确保设计、实施和创造卓越的员工体验以实现工作 #1

当你完成了这项任务，你会发现员工变得积极、热情地讨论创造更好的客户价值和体验的方法。你会看到持续不断的实验、学习和成长以及更强的员工责任感。团队和团队成员之间会经常有表扬和庆祝活动，大家都承诺会让每一位客户和员工的生活更轻松、更有成就感。

3. 管理者的工作是确保他们自己获得成功，以实现工作 #1 和工作 #2

青出于蓝而胜于蓝。作为管理者，如果想在公司范围内进行大规模的变革，你首先要实现管理者个人领导力的变革。如果你想要更大的权力，你是否能够承担相应的责任？如果你知道不沉湎于过去的成功经验对未来的发展至关重要，是否会有人指出你放不下成功者的头衔？你是否一直在坚持学习、发展、成长、提高能力、追求成功（非经济方面），过着大胆无畏的生活？如果答案是否定的，你没有立场去要求别人这样做。

这个公式对于思维成熟、知识充沛的 MBA 类读者可能过于简单和基础，也非常容易被忽略。但是针对领导力，特别是涉及客户和员工成长的观点，不重视这一观点的管理者无疑是在冒险。

在阅读下一段文章前，对你自身在这 3 个部分的能力进行 1~5 的评分，其中 5 分是最高分，1 分是最低分。如果你每个部分都没有超过 3 分，那么你可以创造出分数更高的员工和客户的可能性是多少呢？非常低。

本章有两个关键点。首先，关注客户和员工的成功不仅会提高你的表现，还会显著提高你的工作满意度和享受度；其次，如果一个管理者想要在公司内进行变革，首先需要进行个人领导力的变革。根据与成功管理者的合作经验，我可以肯定地说一个管理者的目标、承诺和优先事项是引领他走向成功的重要基石。当你把到目前为止所做的所有工作与成功的想法结合起来时，你将会取得被他人称为“变革型”的成果。

为什么兴盛会处于短缺状态?

兴盛处于短缺状态仅仅是由于被降低的标准。乘客早已习惯航空公司经常延误航班和解散乘客的行为；人们可以预见银行和其他金融机构更关心银行的而不是客户的财务状况（2016 年富国银行的欺诈账户案件就是一个例子）。而且，国家政治说客的公众形象已经低到难以想象的程度。自美利坚合众国成立以来，每一次总统选举都有争议和分裂性。

1800 年，托马斯·杰斐逊和约翰·亚当斯互相攻击时（前一位是现任总统，后一位是副总统），选举变得如此肮脏以至于选举后国会通过了第十二条宪法修正案，该修正案禁止得票数第二的候选人当选副总统。政治家已经而且可能会持续面对这样的评论：每个候选人都是美国繁荣的障碍，都是不道德或不作为的，每一位都是差劲的管理者，任何一位当选，美国人都会感到无地自容。

与低标准相关的负面经历已经如此普遍，以致许多顾客都只是在等待失望，甚至是期待服务的中断来将之作为公司并不关心客户的证据。客户正变得消极和疲惫，这意味着公司必须要创造新的客户体验来抵消这种普遍的思维方式。受害者心态在美国社会中广泛存在，甚至员工经常都与客户有着相同的思维方式。管理者正面临着前所未有的挑战：员工和客户的心态和思维方式。

兴盛是一个思维方式问题。这本书英文原版的副标题是“创造激情，创新和成长的思维方式”（create a mindset of passion, innovation, and growth）。关键词是思维方式。我已经研究思维方式20多年了，我发现思维方式胜过各种成功技能，是成功管理者与其他人的关键区别。也许这对于服务式领导的拥护者来说是违反直觉的，但是我相信管理者的第一个任务就是实现个人和专业上的成功，成为其他人的典范和榜样。我并不是说管理者要以自我为中心、自恋、贪婪或自大。相反，这是一个认知，人们应该认识到能够帮助其他人发展的成功管理者是变革成果的吸铁石。

兴盛的建议

兴盛需要你拥有3个方面的思维方式：蓬勃发展的客户、员工和领导力。

1. 接受蓬勃发展的客户的思维方式

能够创造变革型成果的管理者非常清楚他们希望合作的客户有什么样的思维方式。他们非常仔细地考虑和研究每个客户的感受、想法、认识、认知和行为。然后他们将这些理想的期望体验设计出来。如同沃尔特·迪士尼开设第一个主题公园一样，他和他的团队对客户体验的各个方面都进行了仔细的思考，为客户的每一步都设计了愉悦的氛围。每一个建筑、行程和客户体验都是精心编排的。变革型管理者也应该有这种思维方式。

当与你的团队或组织接触或完成一项交易后，客户的感受是什么？他们是否感觉你们有能力、聪明、精明、是佼佼者、时髦或者高效？列出来你希望客户通过你或者你的公司能够感受到的最重要的 3 个印象。然后去与 3 个你最好的客户交流，让他们用 3 个词来描述与你和你的公司合作的感受。客户的答案与你的期望是相同、接近还是毫不相关？这一小节的内容对成功发展至关重要，所以请花时间从你的角度考虑这个问题，然后与你的客户去交流，获得他们的反馈。

2. 拥有蓬勃发展的员工的思维方式

你也许听过这样的训诫：不快乐的员工永远无法创造一个快乐的客户。公司内有不快乐的员工的原因有很多，但归结起来主要应该有两个原因：你继承了不快乐的员工或者你创造了他们。

在这两种情况下，管理者都需要采取措施来扭转局面。

在一次跨国飞行的旅途中，我无意听到两位空乘人员大声地讨论他们与厨房签订的新合同。他们的消极情绪是显而易见的，坐在仅仅距离他们两排的位子，我不得不听他们整整抱怨 5 个半小时，如果有可能，我肯定会选择另一家航空公司。

你希望你的员工对顾客和管理者持有什么样的思维方式？你希望员工意识到成功的客户体验的重要性吗？你想让员工认为你是值得信任的、坚持不懈的、诚实的、积极的、有远见的或有战略性的吗？你想让员工认识到你的立场吗？基于这些期望的认知，你希望他们怎么做？当考虑客户体验和员工创造客户体验所需要的思维方式时，你发现哪些事情现在还没有做到位？

管理者需要明白什么样的员工思维方式才能创造出理想的客户体验。我的意思是，管理者需要清楚培养员工什么样的行为、态度和想法才会产生最佳客户体验。如果管理者没有这样清晰的认识，员工们就是带着客户在迷雾中驾驶，很快就会脱离轨道。

3. 拥有蓬勃发展的领导思维

如果管理者内心深处不愿为员工和客户提供最好的体验，没有人会愚蠢到相信员工和客户的积极性会被这样的管理者调动起来。例如，想想“激励”（inspiration）这个词。这个词来源于拉丁文“inspire”，意思是“为生命注入某样东西”。如果要给生命注入意义，你首先需要用心生活。简单来说，你无法给一个死人做 CPR（心脏复苏术）。

如果你坚信成功是客户和员工的理想选择，下一部分关于领导力发展的内容将为你提供成功实施领导计划的框架。

重点不是你懂什么，而是你会怎么做

很多时候，管理者会因大量的日常工作需求感到不知所措，进而放弃去激励员工成功和努力工作。他们喜欢成功的员工和成功的企业之间联系的想法，但他们并没有开发领导项目来使其发生。

为什么会这样呢？我在公司里遇到的大部分管理者都是带着改变世界的积极想法来工作的，但是他们被各种待办事项给淹没了，导致他们只关注了日常交易，而忽视了员工工作热情的驱动力。他们自己允许消极思维和负面能量，将他们的思想从可能性思维转变为概率性思维。

领导力的真相是强大的管理者会成为变革型管理者。他们希望自己能做到最好，希望员工能够做到最好，周围都是变革型员工。变革型管理者并不害怕聪明和有才华的员工。相反，对于身边环绕着最聪明和优秀的人，他们是非常骄傲和无畏的。

变革型管理者能充分认识到，变革型员工需要并寻求机会，以获得成长和发展他们的技能和心态。当工作节奏变得过于重复并且结果变得可预测时，这种员工可能会寻找新的机会来发掘自己的潜能。

另一方面，软弱的领导会将自己与弱小的员工联系在一起。软弱的领导觉得他们不能被员工给超越，他们害怕员工过于展示自己。因此他们更喜欢满足现状的员工，喜欢那些对学习、成长和创新并不感兴趣的员工。

你需要明白：领导力计划会帮助你发挥你所学到的知识，使你成为强大的变革型管理者。领导计划是内化和个性化你所学到的知识的主要工具，也可以为其他员工指明需要遵循的途径。

需要强调的是：凭借着具有竞争力的目标、明确的承诺以及支持你和员工付出全力的发展战略，领导力计划不仅可以帮助你完成商业目标，还可以为你的员工创造积极的生活影响，进而会对你的顾客的生活产生积极的影响。通过帮助员工过上更有价值和更丰富的生活，你的计划将从枯燥乏味的任务转变为有价值的重要的事情。

有两位强大的变革型管理者在早期的时候曾经指导过我对工作的想法，并为我能够全力以赴地工作奠定了基础。第一位是我的初中教练大卫·利顿。在一次体育课上，他看到我用 40 码短跑击败了橄榄球队的跑卫。一般的教练会因为一个对足球没有任何天分或兴趣的瘦小子使他的明星队员难堪而感到受威胁，但是大卫·利顿教练没有这样觉得。他看到了我在短跑方面的潜力，并介绍我加入能够获得像他的运动员一样成功的体育项目。当我加入赛道队后，利顿教练在身体和心理的训练上都给了我很多指导。他让我充分发挥了潜能，成就了最好的自己。

我的高中辅导员比利·詹姆斯发现我在与学校、朋友和家人相处方面遇到了困难。一天凌晨醒来后，她一直在思考如何能够帮助我适应新的环境。凌晨 3 点时她给我写了一封 5 页的信，信中写到她在我身上看到的能力和善良。她把这封信称为“心灵无价”。比利相信我，在我身上她看到了我还没有被发现的才华和能力。她远远超越了高中辅导员的身份，在我的个人生活和职业发展中留下了不可磨灭的印记。

大卫和比利为我灌输了当时亟须的信心、希望和乐观。35 年后，他们在我心里埋下的种子已经有了深厚的根基。从他们身上我了解到，关心一个人是改变他或她思想的第一步。如果我没有注意到大卫和比利对我的关心，我不会接受他们对我的教育和指导。

在繁忙而辛苦的生活中，我们可以做出与大卫和比利一样的选择：为那些仍处于黑暗中的可能性敞开大门，在绝望中种下希望的种子，给不确定和恐惧的心灵带来乐观和积极。如果我们坚持做这些事情，一个人的幸福感和希望会相应增加，会带来更多的可能性和更大的潜力。我们在工作中种下积极和希望的种子的那一刻，生产力和盈利能力就会相应增加，

你应该怎么做？我会用“LIGHT”这个词来阐述大卫和比利是如何给我带来积极影响的，以及你怎样才能积极地影响他人。

1. 倾听（L，Listening）

大卫和比利通过仔细倾听来理解我的想法，而不是简单的回应。他们没有轻易对我的说辞和行为下结论，而是通过倾听来感受我的恐惧、期望、抱怨和顾虑。每一个青少年都希望他们能够被倾听和理解。当然，我们的父母也听我们倾诉，希望我们能快乐地成长，但是他们怀抱着太多对我们的期望，导致他们没法静下心来听我们说话，理解我们的感受。与大卫和比利聊天让我感到自己的想法被重视、被关心。

2. 诚信（I，Integrity）

大卫和比利将他们的美德付诸行动中。著名的加州大学洛杉矶分校（UCLA）的篮球教练约翰·伍德曾经说过这样一句话：“体育并不会塑造人格，它揭示人格。”这句话后来被引用到领导语境中：“逆境并不会塑造人格，它揭示人格。”当我回想大卫和比利对我的照顾时，我毫无疑问地感受到了他们的忠诚和诚信，他们是高尚的、值得信任的。

3. 慷慨（G，Generosity）

大卫和比利都是非常慷慨的人。在他们所承担的角色中，很多孩子都需要他们的注意。然而他们始终能找到时间关心每一个孩子，让每个孩子都感觉到自己是重要的、受到重视的。在我与他们沟通的过程中，从未有过匆忙或被催促的感觉。我并不认为他们会觉得自己十分慷慨，他们仅仅是在做自己而已。但是在他们这种友好的态度中，我学会了如何慷慨地对待别人。在 12 岁时，我并不知道这是慷慨，我称之为“友善”和“酷”。

在毕业后 30 年的高中聚会上，我有幸见到了比利，对她当时贴心的信函表示感谢。她并不记得当时那一封信件，但是对我的“美好的记忆”，她表示很感动。和比利的谈话对我来说非常有启发性。我想可能是生平第一次，我看到了一封信或进行了一场对话可以对一个人的一生产生如此积极的影响。她宽容和无私的美德在我心里种下了种子，直到今天还在茁壮成长。

4. 心与心的交流（H，Heart-to-heart connection）

大卫和比利在爱、关怀和共鸣的基础上建立与孩子的关系。他们真诚地关心每一个孩子，他们感受到了每个孩子脆弱的希望、梦想和渴望，并平等地对待他们。他们有目的地在我身上种下了勇敢的种子，培养我专注、勤奋和自律的信念，并告诉我梦想和渴望都是可能实现的。

5. 告知事实（T，Telling the truth）

大卫和比利并没有采取任何强制的手段。他们以一种我能接受的方式告诉我需要了解的事情。事后看来，他们真的是语言大师。我碰到很多人都说自己“非常诚实”，也认为这是一个美德。但是我发现他们更多是冒失而不是诚实，因为他们传达信息的方式更多是为了自己的便利，并没有从信息接受者的角度考虑。以对方能接受的方式有效地传达信息是建立在慷慨地为他人考虑、言行一致和倾听他人想法的基础上的。

这是非常简单的道理：当管理者忽视了他们所承担的角色对员工生活的意义时，绩效、创新、成长和承诺都会恶化。如果想要有非常可观的团队和组织内的表现，包括创新和协作能力的明显提升，你需要关注所有个人互动中的亮点。通过放大亮点，你就可以把员工的希望和工作愿景转化为真实而有形的动力。

在整个组织中创造卓越

有一个常见的误区是人们抵制变化或变革。我不同意这一观点。我的一个同事兼好朋友曾经说：“人并不担心变化。他们担心的是糟糕的感觉。”如果一个领导力计划或变革刚开始就让员工感到不被重视、愚蠢或效率低下，他们会抵制这种变化。他们可能会接受一些必需的改变，但是最终他们会感到自卑或无力。这种变化会失效，提升绩效表现几乎是不可能的。

这是否意味着管理者必须变成心理治疗师，需要逐个问他们的员工对变革的“感受”？是，也不是。我从来没有建议管理者要成为电视心理治疗师菲尔博士。针对这方面你可以自己选择。我的建议是：如果你想要获得变革型增长，就必须要理解变革如何影响员工和利益相关者，认可并尊重他们的感受，反思并作出相应的回应。当管理者不清楚员工和利益相关者在变革中的表现时，他就是失职且无知的。员工是轮子上的齿轮，管理者才是必须要驾驭汽车的人。

当管理者能够理解和讨论变革中大家的想法以及情感变化时，员工和利益相关者会感受到被关心、被重视，才会愿意听取管理者下一步的想法。下述 3 步沟通策略可以使他们更积极地倾听。

1. 定义这“是什么”

管理者必须回答要达成的目标是什么。管理者需要绘制出令人兴奋的、崇高的、积极的和有竞争力的未来蓝图。

2. 阐明“为什么”

管理者必须给出无懈可击的理由来阐述为什么实现这个未来蓝图符合每个人的最佳利益。“为什么”这一步需要直击员工的思想和内心，让他们认同你，回答说：“对，你说得太对了！”

3. 与“如何”合作

有发言权的员工和利益相关者都需要提供想法和建议，管理者需允许他们在整个项目计划中行使他们的权利，或者主动将变革视为他们的想法，做出承诺并确定促使其完成的优先事项。

为什么个人变革很重要

如果管理者希望进行组织变革，他们必须先进行个人的变革。这非常简单，但是经常被忽视。一个管理者每天的行为传达了对他来说什么是重要的。他（她）承诺会持续学习帮助客户和员工成功的方法吗？他（她）有把为利益相关者创造价值作为优先事项吗？

如果管理者想培养卓越的组织，他们必须首先创造个人卓越。把员工和客户的成功作为一种不可妥协的愿景，相信这个愿景并将之付诸行动是非常不同寻常的。不需要装腔作势，如果你想要将卓越融入每一位客户和员工的体验中，作为管理者就必须追求个人和专业的卓越。为这些愿景付诸努力会促进员工与管理者的关系，还会在组织中建立追求卓越的文化。

管理者是改变、成长、创新和变革的榜样。他们的每一个举动和每一次谈话都受人关注，都是实现目标和达成首要任务的机会。如果你因此感到紧张，这是正常的反应。好消息是员工并不是要看到完美的管理者，他们希望看到能够鼓舞士气，为了员工的利益而努力和奋斗的管理者。

你的变革性领导计划

每个组织都有大量未合理利用的人才储备。有很多原因能够解释低下的人才利用率和平凡的业绩表现，你心中肯定也有自己的答案。在与各类公司合作了 30 多年后，我也总结出了将近 20 个原因。请看下面的清单，想想你会补充什么？

①缺乏鼓舞人心的领导能力。

②不明确的期望。

③低水平的信任和尊重。

④习惯遵守而不是承诺。

⑤缺乏战略方向或目标不断变化。

⑥低级别的问责制。

⑦错误的绩效指标。

⑧培养和容忍不负责任的员工。

⑨低水平的批判或客观思维。

⑩战略和决策优先级不高或缺乏优先级。

⑪奖励和认可程度低。

⑫缺乏有纪律的执行。

⑬没有乐趣。

⑭很少或根本没有教练或指导。

⑮错误的人承担错误的角色。

⑯没有持续克服障碍的过程。

⑰消极的思维方式。

⑱双重标准：高级管理者没有以身作则。

⑲认为员工和客户很脆弱。

⑳基于劣质产品或服务的不满意客户。

无论你是在一家拥有 10 名员工的创业公司，还是在拥有 25 000 名员工的成熟组织中工作，在整个组织中创造卓越，都需要管理者参与持续的领导力发展过程。在发展过程中。应该关注人才利用最大化、障碍的消除以及效率的提高。毫无疑问，这是变革型管理者应当做的。在本节中，你将设计一个全面的领导力发展计划，并通过执行该计划着重提高业务绩效。

人才最大化

人才最大化的前提是与你一起工作的都是有才华的人。如果你面临的情况不是这样，那么这个管理问题不会在本节内容中解决。假设你的员工都是有才华的人，为了充分发挥他们的能力和才华，你必须找到忠诚拥护公司发展愿景的那个人。这些员工不仅拥护你的领导，而且还有热情和坚定的信念。

仔细思考你的计划，考虑把谁纳入到计划中。谁表现出最好的思维方式和技能、最好的体验以及最大的热情、活力和创造力？举出 3~5 个人的名字，并列出他们能为这个计划做出的贡献。

清除障碍

你可以拥有地球上最聪明、最勤奋的员工，但他们不会取得伟大的成就，除非清除这一事项：困难和障碍。

障碍可能来自于文化、态度、沟通、领导和薪酬等方面。如果想要在组织内创造追求卓越的文化，你应该更多地关注效率低下的根本原因，而不是着眼于效率低这个状况。因为一旦找到效率低下的根本原因，公司就可以永久性地清除这个障碍。

一旦你确定了领导力计划需要或缺乏的人才，就应该对他们进行力场分析，打破抑制力量，在计划中建立和维护促进力量。提示一下，抑制和促进力量的具体含义。

抑制力量：阻止成功完成项目的障碍是什么？可能是人、过程或可用的资源。你需要和项目的成员一起尽可能地思考出所有的因素。

促进力量：哪些积极因素可以促进项目的成功完成？可能是人、过程或可用资源。

为了弄清楚抑制力量和促进力量，你需要解决以下几个问题。

①我想实现什么目标？这是领导力计划的基本问题。

②完成这个计划的指标和价值是什么？

③什么是必须注意的促进和约束力量？

④如何确定因素的优先顺序？哪些需要第一、第二和第三解决？根据优先级进行排序。

⑤我会立即注意哪些因素？

⑥为了使这个计划取得成功，我需要为领导层提供哪些新的优先事项和承诺？

⑦我会如何将计划安排在日程表中？

目标冲刺

你必须要对领导力计划的目标充满期望。这个计划“是什么”一定要明确，“为什么”做这个项目也需要弄清楚。因为如果不清楚“为什么”做这个项目，就会缺乏应对一切困难的意志。

管理者必须是他们计划的最忠诚的拥护者和传道人。虽然“传道人”（evangelist）这个词可能因为某些政治或宗教信仰的影响产生了消极的含义，但传道人建立了对一个想法或愿景投入信念、帮助和热情的社区。在很多情况下，管理者都不得不平衡开放、积极接受和一意孤行，不接受否定答案的态度。

目标冲刺，特别是在整个企业中都创造追求卓越的文化时，需要管理者专注我们在目标原则中讨论的 3 个维度。目标冲刺需要高度的热情、才能和价值。管理者需要将他们的战略规划和领导力计划联系起来，并将他们对工作的热爱、他们自身、员工的才华以及他们致力于创造的价值在计划中体现出来。

在本章开头，我提到了大家对计划这个词有不是很好的评价。在本章结束时，我坚定地认为，通过明确强有力的领导目标、高价值的承诺和战略优先级，你可以设计一个不仅可以为重要利益相关者提供转型价值，还可以为你带来更多回报的领导力计划。在下一章中，你将学习如何使用三步沟通流程来说服那些具有竞争优势的人支持你的计划。

第四章
说服原则

说服：什么是说服，你有说服力吗?

美国国内航空每天有 170 万的人流量。每个乘客在登机前都需要通过安全检查。这项检查的目的是确保旅途的安全性，并确保乘客可以安全出发。

变革型管理者应该认识到，每个利益相关者在认同和追随他们的带领之前同样也会有一个检查程序。这个检查并不是关于锋利物品和 2 盎司（约 57 克）洗漱用品的要求，而是评估是否能在这个人的领导下实现他所承诺的目标。如果管理者没有通过检查程序，就无法通过安全闸门进入候机室；相反，他会发现自己在登机门前困惑：为什么只有他自己在飞往目的地的飞机上。

梅利亚姆·韦伯斯特将说服某人定义为：在持续努力后，通过逻辑认证或争论让某人做某事，并让某人相信某事。因此，说服是劝说和影响某人以使他采取某种行动或以某种方式思考。关键词是采取行动。面对竞争性需求、稀缺的资源和较高的期望值，管理者会遇到不愿意合作、妥协自身利益的人。

在变革型领导中，说服并不是雄辩或激动人心的演讲，不是像亚伯拉罕·林肯的葛底斯堡演讲或马丁·路德·金的“我有一个梦想”演讲。对变革型领导来说，说服是发挥积极影响，而不是操纵。

最纯粹的说服形式是完全塑造一个人的思想、感情、信念和行为。这引出了一个问题：为什么人们做他们正在做的事情？要弄明白这个问题，你需要注意说服、想法、感觉、信念和行为等定义的顺序。我们将仔细研究说服力的各个方面。

说服原则中的关键是：为了让别人支持你的目的、承诺、优先事项和计划，你必须要先理解他人对你和你的提议的想法、感觉和信念，然后再对它们进行重塑。如果你想听到更多赞同的声音，你必须要知道他们在回答之前在想什么。如果你不明白他们在考虑什么，你只能继续听到否定的回答。

1. 想法

我们在采取每个行为前都会进行思考，想法是决定我们如何生活和认同什么的强大催化剂。以上面提到的运输安全管理局检查为例，如果你认为运输安全管理局检查是有意义的，有助于乘客的安全保障，你就会积极地看待机场的安全检查；但如果你认为人身检查完全是浪费时间，应该去检查货物仓内的行李，你就只会看到机场检查的负面影响。

2. 感觉

当你考虑到机场安全检查的价值和安全意义时，就会增加安全和舒适的感觉。这种感觉可能只在一瞬间，不会轻易被发觉。在实际生活中，思考和感受是紧密相关的。当你认为时间无比珍贵，并且你努力节约时间时，阻碍你节约时间的事情就被认为是对时间的威胁和浪费。浪费时间的想法会造成焦虑或忧虑的负面感受。

3. 信念

我们对工作、利益相关者和目标的信念是促进我们采取行动的强大动力。如果我认为机场安检纯粹是浪费时间，因为排队安检而感到焦虑，我的信念就是规避可能遇到的一切障碍。除了机场安检的例子外，有很多非常有才华的员工并不相信自己，饱受自卑的折磨。他们认为自己不配拥有目前的职位，极有可能会被别人发现自己是个冒名顶替者。也有管理者认识到他们并不是最聪明的领导，但是他们对从事的工作有着无限的热爱和激情，没有什么能阻碍他们实现目标。信念总是会成为事实。

4. 行为

关于行为的关键点是：当你看到某些人的某种行为时，他们这样做是因为他们认为这是对于当时处境最好的回应方式。当你看到某些人谴责机场安全管理局时，他们认为这样做是正确的。你知道这是愚蠢的，因为你并没有感受到这样的情绪或是跟他们有同样的想法。这就是变革型管理者面临的巨大挑战。如果你想让别人支持你的提议、想法，认同你的目标、优先事项、计划或承诺，你不能只关注行为，而更应该关注促使其他人行动的想法、感觉和信念。

在工作中，如果一位同事觉得你城府深、喜欢掌控、懒惰、不擅长团队合作、自私自利，那么他看到你的第一感觉是恐惧。如果他害怕看到你，那么出于自我保护，他会尽快让自己结束与你的对话。看到他的行为，你会认为这位同事非常自大、粗鲁，对你不屑一顾。变革型管理者这时应该分析这位同事的行为，思考是什么信念、感受或想法触发了这种行为。如果解决这些问题，管理者会听到更多认同的声音。

5. 说服

你有多大的说服力？暂且将想法、感受、信念和行为的理论抛开，考虑一下“作为领导我有多大的说服力”。如果你有很强的说服力，你会听到 4 个正面的回答。

是的，这是一个好主意，我一定会提供帮助的。这是最直接有力的赞同。也是管理者最想要的反应，但经常事与愿违。如果一个管理者能得到这个正面的回答，说明他已经充分考虑过回答者的优先事项，将提议与回答者的自身利益联系起来，并找到了能够使双方获利的方式。

是的，我们加上这个想法可以产生更积极的影响。这种赞同提出了另一个或者互补的意见来改善你的想法，从而实现更大的目标。当管理者听到这种答案时，说明这段对话中注入了“创造力”。它是创造性的行为，建立在一个想法之上，并能够帮助所有参与者从更多的角度去考虑可能的结果。这个赞同代表着两个人或更多人的合作理念，而不再是一个人的想法。

好的，我还不知道该怎么做，但是我会弄清楚的。这个肯定可能是一个强有力的转变。每个组织的管理者都可以证实，有些目标值得去实现，但是并没有清晰的路径和准确的方向。所以管理者希望听到肯定的答案。变革型管理者希望听到人们对他们的想法说“是”，但更重要的是，他们希望能够培养激情、创新和成长的思维方式，听到挑战现状的想法。

好的，我来解决这个。这个答案简短有力，表明回答者清楚并且同意所要求的内容。当首席营销官要回答董事会——一个很少或根本没有营销背景的董事会——关于社交媒体营销如何影响销售流程的问题时，最好的方法就是去理解董事会目前的想法，理解他们对营销和社交媒体的感受，以及理解促使他们问这一问题的因素是什么。

如果能够得到这 4 种肯定的回应，证明你有一定的说服力。并且你正在按计划实现目标、承诺和优先事项。这就是积极说服力的情况。在下一节中，你将了解到变革型管理者的说服流程。

三步式说服法

如果你是个管理者，你可能早就了解过如何领导团队和员工，让他们做一些他们可能不想做的事情。每一天你都通过直接或间接的方式来引导他们。你对员工有很高的期望，希望能够创造创新、成长和激情的环境，希望他们能够追随你的领导。

但是在日常生活中，管理者经常面对的现实是：员工并不会做他们被要求做的事情，他们并不会将顾客、团队或组织的利益置于自身利益之上。

我们需要关注一个关键问题。就业之旅，从入职第一天到离职面谈，就是一个告知、说服的过程。通过面试明确传达信息：什么是重要的、对他们的期望是什么以及对变革的期望是什么。当管理者将与员工和顾客的互动视为三步式说服法的一部分时，很容易发现它的有效性。在接下来的三部分内容中，我们将分解说服方法的流程，增加它的实操性。说服一个人其实很简单：

①建立基于信任和尊重的良好关系；

②了解对方的目标和优先事项；

③提供帮助他们实现优先事项的解决方案。

如果你能够做到这3点，你就有足够的能力来领导转型项目。

1. 为什么信任和尊重如此重要

如果你想变得更加有说服力，高度的信任和尊重是不可或缺的基石。试着回忆一下你不信任或不尊重的同事、老板或团队成员。你会积极赞同他的次数有多少？非常少。信任就是我们说的话是有信誉支撑的；尊重是指高度重视对方的才能和技艺。

2016年，对三星来说一个重大项目就是召回Galaxy7S手机。这个型号的手机出现了电池着火事故，需要召回每一部手机。这个项目造成了260亿美元的损失。对于三星来说，这就算不是生死攸关的情况，也是一个有着极大风险的难关。

高级副总裁（SVP）承诺会完成对召回事件的详细分析报告，并在45天内向董事会提交他们的调查结果。如果他准时在45天内完成了调查工作，你会认为这位SVP值得信任。如果提交的报告具有很高的水准，并且解决了董事会和高管提出的所有问题，你会非常尊重这位SVP的能力和才华。在这种情况下，为了说服高管和董事会坚持执行已经制定的计划，信任和尊重都是至关重要的。

如果SVP虽然在截止日期前完成了工作，但是工作的质量不佳，那么SVP对执行经理和董事长的说服力也会受到影响。风险越大，信任和尊重就越重要。

2. 什么对你很重要

了解对方的目标和优先事项是非常关键的第二步。这需要我们暂且抛开个人利益，优先考虑其他人的利益需求。当我们知道其他人的优先事项（例如，平衡创新和增长的需要，以及在成熟期不断将卓越品质注入产品的需求）时，我们就可以更好地提出有助于实现这一目标的解决方案。

在计划原则中，我们讨论了注重结果而非方法论的观点。当时我陈述的观点就是热爱你的事业，致力于让你的顾客、客户和员工过得更好是一个变革型的思维方式。在说服原则中也是如此，当你全身心投入在理解对方的目标和优先事项上时，这就已经是不可思议的说服力了。如果你的行为传达了“你的优先事项对我来说也是同等重要”的信息，你的人际关系质量就会得到实质性的变化，你会发现对方不仅会对你敞开心扉，还会听取你的意见。现在你对他们来说已经是战略合伙人，而不再是商贩或者供应商了。

3. 提供符合他人优先事项的解决方案

这一节的关键内容是，当管理者在没有完全理解对方的目标和需求时发号施令，即使拥有“CEO”的头衔，也只能是成功的牺牲品。我接触过的最成功的管理者即使是在提需求时也会给予员工最高水平的尊重和信任，时刻让他们感受到被关怀、被理解。

在接下来的内容中，我们会仔细研究建立高水平的信任和尊重、理解他人的目标和优先事项、让员工赞同你的提议等所需要的流程和技能。

不要提高你的声音，提高你的说服能力

建立高度信任和尊重关系的方法非常简单：言而有信。如果你严格遵循这个方法，你就会与员工、客户建立起相互信任和尊重的关系，也能使他们快乐、满意。如果这么简单的话，为什么大家不去做呢？有一个主要原因：他们自以为理解了对方的期望，但实际上并不是这样。他们缺乏理解情景和相应责任的明确框架。

你是如何获得信任和尊重的？下面是一个自我评估，可以检验一下你的积极说服力有多少分。你需要根据自己的实际行动来进行打分，在 1~10 的等级中，10 表示高度一致，1 表示不一致，请根据以下陈述进行评估。

1. 信任程度评估

①我积极而有意地营造一种能够培养同事信任感的环境。

②承诺要做的事情我一定会做。

③在个人和专业行为中，我都能做到言行一致。

④我不会在背后说别人坏话。

⑤我的同事说我真正关心他们每个人。

⑥我以能够建立信任的方式说实话。

2. 尊重程度评估

①我佩服并尊重同事的才华和技能。

②我经常表达对同事所拥有才华和技能的尊重。

③在与同事互动时，我尽可能地发挥自己的价值。

④在与同事互动时，我很专注，不会分心。

⑤我的同事很尊重我。

⑥我承认并表达我对他人观点的兴趣和欣赏。

现在，再试从老板、同事或团队成员的角度来回答这些问题。他们将会如何回答这些有关你的问题？你自己的答案和他们眼中你的答案有差异吗？你对自己的行为的认知与别人对你的行为的认知有差异吗？如果有差异的话，就可能存在信誉差距，会降低你的说服力。

很简单，信任和尊重是建立在明确的期望和言行一致的基础之上。

建立明确的期望

建立明确的期望可以减少50%的个人生活和职业生涯的冲突，并提高你的表现能力。这些都可以通过明确你对某人的期望值来实现。例如，一位领导着价值2亿美元金融机构的CEO与董事会就公司的战略方向和优先事项发生了争执。他认为以市场为导向的组织会有更快的增长速度和更大的盈利能力，尽管这需要花费更多的时间、资金和资源用于对关键客户的营销，但如果市场发展比较好，财务数据会出现显著的增长。相对地，董事会则希望他们成为一个财务驱动的机构，所有的决策应根植于财务数据，市场营销战略需要遵循财务限制。

这些相互冲突的期望需要进一步明确为可以达成一致的基本期望，以建立信任和尊重的方式满足各方期望。当出现案例中的情况时，CEO 感到不被尊重和被低估，董事会感到规划战略方向受阻无法完成工作，双方都不会对对方有高度的信任和尊重。

明确期望有以下 7 个基本步骤。

1. 重申目标

在我经历过的每一个令人沮丧的董事会会议中，都有一个致命的现象：大家会在明确“问题是什么”和“为什么是这个问题”之前，直接跳到如何解决这个问题。明确期望的过程能促进创新、成长和对目标的激情。当你说“我们的目标是显著提高管理质量，同时实现业务的快速增长”时，你已经回答了关于目标是什么的总体背景问题。当谈到如何实现目标时，我们的答案可能大同小异，但是以明确目标为起点，可以确保每个人都朝着正确的方向前进。

2. 定义成功

我们需要知道怎么样才算是成功，以及为什么要将希望、乐观和激情融入对话中。大家可能知道预期的目标是什么，但是如果不将成功分解到个人，成功依然只是书面理论。例如，如果你说想显著提高组织管理能力和业务情况，你的上司肯定非常高兴，因为对他来说这是一个非常合理的想法。但是，真正的能力在于如何将这个目标分解、规划为每一个员工的目标。举例来说，如果你完成了目标，你将获得：

①管理者将有更清晰的发展视野，不再认为公司的发展无法预测和无法管理；

②管理者能够准确地评估他们所处的发展阶段，明确未来将面临的挑战；

③管理者将会获得职业发展机遇，以带来更高的成功和满意度。

3. 明确角色、责任和时间节点

这一节的内容是角色、责任和时间的安排。每一方面都需要被分解、明确和接受。例如，作为客户管理项目的志愿协调员，你需要负责志愿者的招募、培训、日程梳理和质量保证，这都是你的职责。我的角色就是检查并确保你有足够的资源或者帮助你来完成任务。此外，该项目 6 个月后正式启动，你每周有 15 个小时的时间投入该项目中。你之所以能担任这个角色是因为你在志愿者管理方面有比较多的经验，曾经成功完成了商业挑战赛的志愿者任务。我们都知道，完成各个领域的工作需要每个人的配合和参与。

4. 明确决策权

这一步骤关系到对决策权的认知。一个人是能单独做决定还是和老板商议后才能做决定？信任和尊重决定了决策权的所属。如果我相信你的能力和为人，在了解你的角色和预算的基础上，我会引导你根据你自己的判断，做出能为我们最大化创造利润的决策，再定期了解你做过什么决定。这就是理想状况下的授权。如果这个职位上是一个新手，我可能会要求他每周汇报一次。无论工作经验如何，都需要使用以下决策制定模型来明确决策权：

①作为高级管理层，我有能力也有权力独立做决策；

②与高级管理层相似，但是我会在做决定前咨询你的意见；

③共同决策；

④你会在请示我之后做出决定；

⑤你可以独立做出决策。如果能够明确决策权，你碰到问题的概率会大大降低。

5. 更新项目进展

这种期望也直接源自于信任和尊重。如果我对你是否能胜任某项任务有一些怀疑，我可能会要求你频繁地更新项目进展。如果这项任务非常关键，你可能也希望能够更频繁地更新项目完成状态。在任何一种情况下，了解更新状态的频率和期望都是至关重要的。

简单地说，“我们每两周检查一下进展”，缺乏细节。在这一步中，双方都可以明确更新项目日程的期望。例如，项目进程可能包括任务完成百分比、实际与预算数据的偏差率、风险、挑战、收获的经验等。同时，更新和检查的形式也需要提前明确，如是否需要提前两天以书面形式提交，以便每个人都有时间消化信息并准备提问。弄清楚你期望获得什么信息以及在该情况下你需要采取什么行动。

6. 主动解决问题

悬而未决的问题会迅速侵蚀相互间的信任和尊重。期望必须是有意义的和可以转化的。但是，并不需要花一整章篇幅讨论冲突管理，解决问题的最佳方法就是保持好奇和开放的态度提问。例如，你可以说："乔治，我的理解是我们每两周过一次进度，你会在我们开会前两天更新项目进展内容。但是我没有收到你的信息，你能解释一下现在的情况吗？"这样，你就可能会听到一个关于乔治以后如何更新信息的合理解释。如果你不问，乔治可能会认为不按时更新项目进展没有什么影响，并且可能会再次这样做。所以主动解决问题的关键是要认识到，如果不去处理问题，你们之前的信任和尊重会被严重削弱。

7. 确认理解和同意

最后一步是与对方确认上述的所有步骤。例如，可以说："我们来核对一下想法是否一致，你对自己的角色、职责的理解和期望是什么？"当你能够清楚的列出职责内容时，你只需要回到承诺原则，再熟悉一下任务优先级内容设置。首先理解如何创造明确的期望，接下来是围绕期望设置任务的优先级，这样你就可以按照所承诺的标准达成目标。当你这样做后，你会发现大家非常愿意赞同你的诉求，在提升业绩的路上会有更少的干扰。

你有两个耳朵和一张嘴

有人说，眼睛是心灵的窗口。那么，耳朵应该是灵魂的通道。我们通过耳朵来倾听别人讲述的事情，不仅仅是在听他们使用的单词，还有他们的声音、声调、感情和他们话语中的含义。耳朵赋予了我们倾听的能力，但是很多情况下我们并没有去仔细倾听。我们只听进去对自己重要的事情，有时甚至完全没有听进去，以致于曲解别人的话语。

我的一位客户迪莫尼·柴斯特博士是佐治亚大学的首席信息官（CIO）。他写了一篇非常有趣的博客，描述了两只耳朵和一张嘴的艺术，以及为什么一张嘴对我们来说已经绰绰有余。他讲述了他与得克萨斯 A & M 大学人力资源总监和大学薪资系统 IT 主管一次失败的谈话。人力资源总监提出希望能获取清晰、准确的员工信息，但当他询问系统中某些数据代表什么的时候，得到的回答却是："你希望这些数据代表什么？"

我们可以从两个角度来理解这个对话：从专业的角度来说，正确和清晰的信息对于决策来说至关重要；从说服的角度来说，经过训练的专业人士会知道在开口前先仔细聆听。然后，就像在谈判过程中一样，我们需要用嘴来表达可以为对方提供的价值，即帮助他们取得成功。如果能够在表达前用耳朵去倾听，我们就有潜力成为解决问题的战略合作伙伴。

在过去的 15 年里，我与数百名技术精湛的专业人士合作过。

但是他们经常让团队成员感到沮丧，而不是充满激情和信心。他们专心致志地聆听技术相关的问题，而对工作中的人员和关系问题置若罔闻。因此，他们表达的意见缺乏明确和令人信服的观点。

我们每天都在说服别人，所以我们必须既擅长专业技术，也擅长和人打交道。如果不掌握这种能力，你就无法在决策会议中占有一席之地，你会被视为需要降低的成本。如何在决策会议中获得席位？如何能更有力地说服他人，提升领导力和声誉，并被视为战略价值的创造者？下面是7种说服策略，教你如何在表达意见前先用耳朵仔细聆听。

1. 用对方的语言去沟通

在任何行业中，想要一语中的、直接说服对方，学会用对方的语言去沟通是基本的障碍，也是解决的办法。你必须知道对方偏好哪一种沟通方式，他们是希望你从历史发展角度提供更多的信息呢？还是希望你能够直接说明问题和解决途径？他们是希望你能主动提问，参与到对话中，还是希望你能直接通知他们应该去做什么？在谈话时选错语言会造成时间和精力的浪费，你会失去威信，而对方会感到挫败和沮丧。

2. 专注于对方而不是自己的利益

谈话互动时每个人心中都有一本关于自身利益的账。有些人认为准确和完美是最重要的，而有些人则对达成共识更感兴趣。你越专注于倾听对方、发现对方的利益诉求，越能尽早提出满足他人利益诉求的解决方案。

3. 丢弃专业术语

谈话时不要使用缩略语。一些专业的缩略语在与某些特定群体或团队沟通时使用起来非常方便，但是，当你和客户、顾客或并不是该专业领域的领导沟通时，使用缩略语会使你和谈话对方产生差异。这个差异会侵蚀信赖和相互尊重，使你无法获取重要的信息。如果你想在沟通过程中建立共鸣和信任，请丢弃专业术语，用对方能理解的语言进行交谈。

4. 像一位值得信赖的商业顾问一样思考、行动和表达

如果对方对你的提议表示赞同，表明他认为你是值得信赖的。这意味着你的见解、经验和视角对他人来说非常有价值。为了建立接受和合作的态度，你需要做的是为了理解去倾听，而不是为了回应去听。以这种态度去倾听、理解他人，你会给对方留下非常深刻的印象。一旦对方明白你非常了解他们的需求，他们会更加信任你，倾向于接受你的意见。一般来说，战略合伙人都非常擅长解答“为什么过度关注结果会限制职业的发展”的问题。

5. 了解对方的商业驱动力

无论你的工作角色或专业知识是什么，我都建议你暂时忘记学过的技术知识，专注于他人最迫切的商业目标，这一建议确实是违反大家的直觉的。对一些受过专业培训的人士来说，这可能有一些困难，因为他们被教育从技术的角度去看待世界。那么，

学会如何避免文绉绉地交流，更多地关注战略性问题以及了解对方的业务需求是你的首要任务。

6. 不要和技术谈恋爱

大多数进入高技术领域的人都爱上了他们的技术。他们喜欢利用他们所接受的教育和培训来解决高度复杂的技术问题，并为此产生极大的个人自豪感。其中存在的问题是，他们更重视成为一名消防员，而不是帮助他人学会自救。

佐治亚大学的蒂姆·切斯特告诉我："IT 部门应该将交易工作外包，保留自身的变革性。"这种思维方式让许多受过技术培训的人感到不舒服，因为这与他们的想法和他们提供的价值有的巨大差别。他们只知道如何成为雇佣的技术达人，而不知道如何成为一个能够创造加速业务成果的顾问。对于大多数受过技术培训的专业人士来说，这种思维方式是不利于表达的。

7. 留下深刻的印象

你一天中的每次互动都涉及并影响与你合作的人。关键在于你产生的影响是否具有积极意义。也许你的意图像积雪一样纯净，但如果你的互动是负面的，产生的影响就会恶化。专业人士需要记住一点，如果他们的工作和他们创造的价值不能带来积极的影响，给人留下深刻的印象，那么他们最终将会灭绝。

如果你还记得，人力资源总监想要的是清晰、权威的数据。以上这 7 个步骤可以帮助你拥有一个清晰而权威的执行方案。通过使用这个执行方案，你会获得巨大的收获。

倾听也是一种艺术形式。与天才艺术家手中的画笔和油漆一样，倾听可以创造出杰作，为被倾听者带来喜悦和尊敬。在下一部分中，我将分享8种策略。相较于上一部分讲述的开口说话之前应该做好的7项准备，下面的8种策略可以指导你在说话时的表达方式。

处理竞争优先事项

在本节中，我们将讨论如何以一种让人们想说“是”的方式呈现你的想法。有8种策略可以让别人对你的请求说“是”。一些策略与思维方式相关，还有一些策略则与技能相关。但在每种情况下，这些策略都是促使他人对你的想法说“是”的积极步骤。

1. 把别人放在第一位

第一个策略就是优先考虑他人，虽然看似重复或者不必要，但是我们要思考为什么开始就提醒大家要把对方放在第一位？因为组织的各个层面都有持续的压力，甚至不惜一切代价地创造业务成果。如此可能演变成做得更多、更好、更快、更便宜，最终导致大家优先考虑结果、利润、完成任务，而不是关系、合作伙伴和长期发展。

为了优先考虑他人，你首先要理解对方的关注重点。你需要明白如果仅仅通过一次销售完成了业务目标，你很可能错过第二次、第三次，甚至第四次的销售机会。唯有持续地提供优先满足他人需求的服务，你才能获得更多的销售机会。他们的需求是什么，如何才能使他们的需求得到满足？你所有的成就都是从思考这个问题开始的。

2. 接受他人的意见

成功说服别人是建立在你也被对方说服的基础上的。在 20 世纪 80 年代，当罗纳德·里根担任总统并提名提奥·奥尼尔担任众议院院长时，双方都知道总统的议程只有通过众议院奥尼尔的批准才能完成。

尽管他们都是完美的政治家和谈判者，但是他们知道，相互妥协对于取得政治进步非常重要。他们对对方的意见持开放态度，并通过这样，双方达成了都可以接受的协议。说服原则中非常重要的一点是，说服别人接受一件事情并不是非黑即白、同意或不同意的情况，而是相互妥协，让事情朝良好的方向发展。

增加 450 000 美元的预算也是如此。如果你提供的唯一选择就是增加 450 000 美元的额外人力预算，那么你可能会失望并被视为“要么听我的，要么走开”类型的领导。在申请额外资源时，得到同事或老板的同意所需要的是让他们愿意去思考新的资源分配的方式。这是一种机智的方法，能够让他们以不同的方式看待你的观点。开放、接受的态度在建立协作和互利的合作关系时非常有利。

3. 充满信心

许多管理者的信心不足并不是问题。问题在于，他们的信心来自他们的头衔或他们的名字出现在组织结构图上的位置，而不是来自他们想法的力量。在这种情况下，他们的信心会被认为是傲慢。傲慢是对一个人的能力或重要性的夸大信念，并不具有吸引力，而且会导致排斥思想的产生。

信心，应该源于对某个职位、个人或结果的确定和信念。在与合作互利思维方式相结合的情况下，你对自己的想法的信心非常重要。如果你坚定地相信某些事物愿意被说服，并且热衷于说服别人，那么你就为下一步工作奠定了基础。

4. 专注当下

我们经常出现与现实脱离的情况。我们可能在考虑过去说服他人的经验，考虑我们是否能获得成功，或者正在考虑未来，考虑我们对额外资源的要求以及如果被拒绝我们会做什么。当我们的想法在过去或未来时，我们不会倾听这个人讨论他的首要需求和对未来的希望。所以当我们尝试根据过去或未来解释他，两者都使我们无法听到语言和表达中的细微线索。这种行为会使我们产生焦虑和忧虑。当运动员犯了一个简单的错误时，教练总是会对运动员说“专注现在的比赛”。同样，对于变革型管理者来说，吹响号角就是为了让你专注当下。

5. 使用“如果……那么……”策略

当你提出一个想法时，你可能听到担心、异议或质疑。这正是你想要的。担忧、异议和质疑都显示了参与度，如果对方拒绝你的话则会尽快结束对话。例如，当你听到诸如“我的首要需求是将预算减少 7.5%，同时减少新信用卡促销活动中的客户等待时间，我知道这样可行，因为巴尔的摩关闭办公室的费用将在第四季度一次性完成，我可以接受，但我确实需要减少等待时间”等说法，你该如何回答？

使用“如果……那么……”策略的目的是为了继续对话，看看是否可以利用协作互利策略。针对举例中的问题，我们可以回答：“保拉，我知道如何帮助你减少客户等待时间问题。如果我的团队分享我们的减少等待时间的最佳实践并帮助你完成需要减少的时间目标，那么你是否愿意帮我解决我的人员预算问题？”

6. 3 个选项的魔力策略

如果你希望有人对你申请额外资源说“是”，那么重要的一步就是为他们提供 3 个有吸引力的理由来表示同意。如果你非常确认，那么仅提供一个选项最多只有 25%的机会成功。只提出一个选项会让人们对其他可能性感到好奇，而回答“不”则成为停止这一猜测的最简单方法。

当你提供两个选项时，它会提供二元选择，这通常属于“对与错”或“好与坏”的思维过程。这也会终止猜测，并降低他人对你的想法说同意的概率，就像翻转到硬币任一面的概率为 50%。相反，当你提供 3 个选项，所有选项都能够满足对方的需求或目标时，某个选项被接受的成功率最高可达 90%。

7. 强大的语言策略

没有语言，我们不能要求咖啡师制作喜欢的咖啡；无法表达我们对伴侣、配偶或孩子的感受；无法告诉医生自己哪里受伤了。语言是一种强大的工具，无论是好的还是坏的，但在电子邮件、推特和社交媒体的世界里，语言已经演化到了尽可能少的单词——140 个字符。我们现在接受“不用担心”作为积极姿态的回应，而不是“别客气”。

我在团队会议上观察到两位领导人讨论了一个棘手而复杂的问题。有 3 次，第一位管理者使用的语言如“那个想法不会起作用”和“那是不必要的复杂和烦琐”。第二位管理者使用的语言如“我们可以在这个想法上建立……”和“你的想法对我来说有助于更清楚地思考这个问题”，以及“我们如何更快地向前推进，谢谢”。

第一位管理者的表达根植于无效的东西，而第二位管理者的表达根植于接下来会发挥什么作用。第一位领导人正在传达一项决定，即这个内容是不可接受的，也是不可行的；第二位领导人的表达是恰恰相反的。

把你表达时所使用的词汇想象为在肥沃土壤中种下的种子，你接收到的回应是你种下的词语的收获。前一个示例中的两位管理者使用了不同的语言，员工对他们的想法的接受度应该也会有所不同，这与他们使用的语言有直接关系。作为一个变革型管理者，你应该尝试选择积极、令人振奋、乐观和感恩的词语，这些词语是说服他人的催化剂。

8. 展示回报策略

这个策略可能会勾起汤姆·克鲁斯在电影《杰里·马奎尔》中大喊“钱在哪”的回忆。汤姆·克鲁斯的角色是一个典型的体育经纪人，迫切希望抓住客户，并像他的足球明星客户那样谈话。金钱并不能解决你所遇到的每一个困境，但要认识到组织中的许多管理者非常专注于推动业务成果，并且确实将大多数决策视为财务决策。如果你的请求无法让某人看到明确的投资回报，并对你的想法表示肯定，那么大家可能会对你的请求置若罔闻。

例如，我的一位 CIO 客户非常敏锐地认识到他投资在新打印机、复印机和传真系统公司上的 179 000 美元与打印机系统几乎没有任何关系，而且打印机既不重要也不是刚性需求。公司购买的是有 10 倍的投资回报率的“公司目标加速器”。使用前面提到的几个策略，他清楚地阐述了以下内容：

①员工使用效率、操作简便性、故障排除和当前系统维护相关的小时成本；

②未来运营新系统的成本；

③当前系统的错误传达和文档返工的数量；

④由于效率低下而浪费的关键时间，以及如何减少 25%的时间浪费，这是实现组织目标的催化剂；

⑤新的打印机如何给高级管理人员和其他部门带来积极影响。

数据汇总之后，得到了 3 500 000 美元的价值，保险起见，他将这个数字打了 5 折。投资 179 000 美元后的 1 500 000 美元上涨净收益为 1 321 000 美元，也就是每消费 1 美元，回报率为 700%。该计算演示向主要决策者表明，这位 CIO 是公司的战略合作伙伴——致力为公司提供高价值结果的合作伙伴。

在本章中，你学习了说服过程的 3 个部分以及使每个步骤适用的实际操作。在下一章中，你将采用这些策略并使用最未被充分利用和被误解的原则来称赞本书：赞美原则。

第五章
赞美原则

防止赞美的消极思维方式

向员工灌输积极思维方式的管理者具有巨大的商业竞争优势。这样做需要领导认识到员工的恐惧和不确定性是正常的——领导的主要工作是帮助员工将恐惧转化为勇敢，然后灌输积极的思维方式。防止管理者出现消极思维方式是赞美原则中必不可少的第一步，因为这能有效地解决员工无法充分发挥潜力的问题。

在与所有高级管理人员和企业家的对话中，我发现了最有效的赞美，也就是说，更高的业绩并不取决于个人的技能，而是取决于他们的思维方式。在当今的快节奏工作环境中，变革的最快方式是培养正确的思维方式，通过植入积极向上的思想，消除阻碍变化的消极思维。我们将在日程梳理部分更多地介绍这一点，总结来说有 3 种主要的抑制因素可能会阻止管理者赞美他人和自己。打消这 3 种消极思维方式会带来更多的赞美，让管理者更受员工欢迎。

1. 坚持过去

过去是一股强大的力量，能够促进我们实现目标或阻止我们发挥潜力。不幸的是，大多数人都让它阻碍我们。

我记得和一个项目副总经理谈过一个被一再推迟且最终失败的项目。这个结果引发了所有参与者的指责，副总经理要对失败负全责。可以理解，副总经理受到了攻击，千夫所指。他有责任吗？当然有，但是高级管理层也有责任，他们没有仔细阅读项目进展报告，后来却声称他们在事情发生时措手不及。副总经理环顾周围，只看到几天前还支持他的管理者在他被责骂时保持沉默。

副总经理在这次事件后所持的愤怒并没有消失——相反，这种情绪对副总经理以及其部门成员的思维方式产生了长期不利的影响，甚至还感染了团队中的其他成员，并使他的团队与其他管理者之间的工作关系变得紧张。

虽然副总经理需要敏锐地意识到组织内部的政治和文化差异，但同样重要的是不要像磁石那样坚持过去。他需要的是吸取过去事件的教训，在当前文化背景下重新追求他的理想。

2. 自我批评

在年度审核期间，管理者和员工可能会听到有关他们在过去一年中的 10 个荣誉表现，以及一个需要改进的领域。超过 80% 的管理者告诉我，他们只会专注于那个需要改进的方面，而忽略员工做得很好的事情。这类似于一只脚踏在加速器上而另一只脚在制动器上。这并不是加速的策略，事实上，这反而会造成性能损耗并降低员工的满意度和工作效率。

这里的问题就像是每个人每天都听两个心理广播电台。第一个广播传播积极和肯定的信息，例如，“你真的很有才华，你非常擅长分析复杂的想法并使它们变得实用和适用”。另一个听起来则并不那么愉快，“你以为你是谁？你不能这样做，你并不像你想象的那么好”。无论你听哪个电台，都会影响你向他人播放的信息。这就是问题所在。不幸的是，我们接听第二个广播电台的时间远远超过听第一个广播电台的。事实上，我们已经习惯倾听负面的广播，感觉对自己的积极思考会被认为是自夸和傲慢。如果我们对自己都有这种感觉，请考虑一下这样做对员工和客户造成的影响。

当然，我们不可能完全脱离批评。自我抨击并没有任何好处，但你可以成为自己最大的支持者和最大的批评者。每天醒来后你要做出选择。你在听哪个广播电台？如果你正在听负面广播电台，那么现在是时候换台了。通过每天评估注意到的内容，你可以发现自己的思维方式是积极的还是消极的。如果你一直是自己最大的批评者而不是支持者，那么很明显你需要做出改变了。好消息是，一旦你将注意力从消极的观点转移到积极的观点上，你就会开始为自己以及周围的人创造不同的体验。你可以通过调整思维方式来提供更好的表扬和认可。作为一名管理人员，你有责任将自己的思维方式调整到合适的电台，然后将你的积极思想传播给其他人。

3. 生活在恐惧中

在谈到我们的工作时，太多人生活在恐惧之中。对于一些人来说，是经济恐惧；对于另一些人来说，可能是情绪上的恐惧。无论恐惧的来源或类型如何，它都会对个人长期的职业发展产生破坏性影响。恐惧可以成为行动的催化剂，但在恐惧思维方式的阴影下永远无法加速进步。有人说恐惧可能是我们生活中的一个积极因素，当谈到对冒险的行为采取谨慎态度时，这可能是真的。但在职业生涯中，被恐惧支配会导致自我破坏。当我们害怕的时候，我们想要不输球而不是想赢球。

考虑一下如果你过着没有恐惧的生活会是什么样的。如果将你的情感能量集中在积极主动地迎接挑战并为工作和家庭问题寻求解决方案，情况会怎么样？摆脱恐惧、焦虑是一种自由和赋能的行为。

在工作中，随着恐惧的增加，业绩会下降。如果你或你的团队的业绩情况正在下降，我敢保证空气中弥漫着恐惧，赞美和积极的思维方式也正在直线下降。恐惧可能会以对新工作或责任感到焦虑的形式出现；也可能是财务上因削减预算或缺乏资源而带来的恐惧。无论哪种方式，这种思维方式都会导致公司止步不前。

对抗恐惧最好的方法是找出导致恐惧的原因。如果你能确定恐惧的原因，你可以重新定义它，让你和你的团队不再感到焦虑。在我与管理者的广泛合作中，我发现了以下8种最常见的高管恐惧。哪些正在困扰着你？

①害怕承担责任。

②害怕犯错误。

③害怕离开消磨精力的工作。

④害怕不被视为聪明和成功。

⑤害怕让你的老板或高级管理者感到不安。

⑥害怕放弃目前的成就。

⑦害怕投资自己。

⑧害怕做出决定。

这些负面思维习惯中的每一种都会抑制领导去赞美他人。因此，员工听到的是一连串的需要改进的地方，而没有去考量取得的工作成就。这种片面的评价会令人沮丧，进而导致表现不佳，顶尖人才流失。

很少有人听到令人沮丧的话

赞美有助于人们感受到被重视、倾听和欣赏。那些感受到重视、倾听和欣赏的人会有更多的热情去试错，承担风险，并以远远超过那些没有受到重视的人的速度成长。这是我得到的结论。你可能会有疑问，所以让我再赘述一些内容。

在每个组织中都有一些员工的潜能处于休眠状态。我合作过的每一位领导都相信他的员工能够获得比目前更多的成就。当你问员工是否能做更多时，通常也能够得到非常肯定的回答。值得思考的是，当你问员工为什么他们不多做一些或者做到他们能力范围内的事情，得到的答案是，他们选择不去做。能做更多但是选择不做是对资源的巨大浪费。为什么人们没有充分发挥他们的潜力？总结来说有以下 6 个原因。

1. 没有回报

如果没有充分的回报，人们就不会充分发挥潜力。每个管理者、团队和员工都希望获得工作回报。回报可能是一种更深层次的有所作为的满足感、成就感。仔细思考，人类总是在寻找、创造意义。我的工作是有意义、有价值的吗？我的努力得到赞赏和认可了吗？如果没有，那么工作回报就会变成简单的薪水。事实证明，金钱并不是最大的激励手段。

2. 缺乏激励的领导力

激励这个词来自拉丁词语“inspire”，意思是“为生活注入某种东西”。当一个管理者的管理没有生命，只是陈述公司的使命、愿景和价值，而不是真正地去践行时，员工会感觉缺乏动力。毫无疑问，管理者无法激励缺乏动力的员工，除非员工的动力是尽快离开这个公司。

3. 容忍表现不佳

当没有问责制，不佳表现被容忍时，人们就不会充分发挥自己的潜力。是的，即使面对“做得更多，做得更好，做得更快，做得更便宜”这样的企业口号，当管理者无法学习、成长和改变，但期望并要求员工这样做时，表现不佳也会被容忍。员工环顾四周，发现管理者和其他员工没有因为表现不佳承担任何后果，自然也就不会发挥其潜力。这个信息清晰且引人注目：如果你表现不佳、不道德、错过截止日或失去一个大客户，你可能不会受到惩罚。

4. 期望不明确

当期望不明确时，人们无法充分发挥其潜力。没有充分思考的管理者会导致比他们想象中更多的混乱和模棱两可。当一位领导说“我希望你处理Cramer项目”时，我在三大洲，7个国家和43个州发现同样的问题——“处理”到底是指什么。“处理”对管理者意味着什么以及“处理”对员工意味着什么。当管理者清楚所期望的结果时，对时间框架的要求，相应的责任、角色、权威等应该都是明确的。我已经围绕“清晰度”这个词建立了一个蓬勃发展的咨询公司。

5. 没有信任或尊重

当同事和管理者没有履行承诺或没有足够的才能或技能来完成他们自己的工作时，人们就无法充分发挥其潜力。信任是指一个人的可靠性，尊重则是关于才能和技能。当一个员工或管理者失去对另一个人的尊重和信任时，这种关系就结束了，就没有了提高工作业绩的可能性。

6. 没有对员工发展进行投资

当继续教育和发展的计划被延迟或取消时，人们不会充分发挥其潜力。通过向领导力教练学习，是实现领导力显著增长最快的方式。虽然这可能听起来像是自我销售，但我的成长速度确实也在加快，因为我的教练和导师是我工作的客观观察者，可以为我提供新的想法、观点、见解和策略，以挖掘我从未发现过的潜力。

人们没有充分发挥其潜力的 6 个原因可以通过有效的实质性方式加以解决。在赞美原则中，你将学习如何以翔实、真诚和及时的方式表扬他人，这样你就可以确认与前面 8 个理由的相反原因，学习促使人们选择发挥最大潜力的 9 个理由。

你还会了解到一个叫作“净化”的兄弟技能。就像过滤器可以消除杂质并使我们的饮用水安全一样，你也可以净化你的领导能力，剔除有损于完成目标、承诺和项目的方面。

通过学习如何赞美，净化领导力，你可以建立员工对自己的信心。你将鼓励实验、冒险和学习，同时也将希望和乐观的态度融入工作场合。毫无疑问，你会在别人和自己身上发掘潜力，表现出最佳水平。

摒弃批判，培养勇气和好奇心

每个星期天在美国各地都会有近 35 万名狂热的足球粉丝，他们带着对最喜爱的球队的支持进入球场，另外还有 200 万人在电视上观看足球比赛。体育场内的人们凶猛地欢呼、握拳、击掌，每当他们所喜欢的球队做一些他们认为有利于赢得比赛的事情时，他们就会大声尖叫。他们这样做是为了让对方的士气低落，鼓励他们的团队取得胜利，并为这项运动中最精英的人才的艰苦努力喝彩。你在第一次与朋友一起参加活动时，可能会觉得他是一个非常温柔的人，然而在涉及体育运动时，你可能会发现他在双重人格之间转换。

为什么发出尖叫声和击掌的这些人，在工作中看到团队取得同样有价值的成就时，只会给予礼貌的掌声？是因为体育赛事是与其他 60 000 人一起观看才有激情吗？是因为在其他疯狂热情的粉丝群中，激动的情绪反应消失了吗？无论出于何种原因，我认为那些对工作充满热情、认可和鼓励的管理者将推动他们的团队取得胜利，打压对手，并奖励为完成工作而付出艰巨努力的员工。

我不是在提倡以体育赛事为中心的击掌和尖叫。我倡导的是一种表达赞美他人，对激情、创新和成长的鼓励思维方式。要做到这一点，需要考虑到以下 3 个要素。

1. 真诚的赞美

机械、强制性的或以强硬的方式进行赞美会降低管理者的信誉度，它可能被视为是虚假的、人为的表现，这会增大表达赞赏的人与接受表扬的人之间的关系差距。

2. 及时的赞美

最有力的赞美形式应该是实时传递赞美。发现员工或同事做一些值得注意的事情并及时对其进行赞美，不仅可以表达祝福，还可以创造一种欣赏和持续增长成为文化的氛围。

3. 具体的赞美

诸如“干得好”之类的广泛赞誉与具体的赞誉相比相形见绌。例如，你可以对员工说：“你对 Carson 项目的项目管理工作非常有帮助。你实现了我们改善客户体验的战略目标，客户对我们表现充满信心。他们说喜欢和我们一起工作，干得漂亮。”

赞美的好处

当考虑到赞美的三要素时，赞美将会成为更加有用的催化剂。当员工怀疑管理者是否关注到他们正在做的事情时，给予真诚的赞美会创造一个积极的反馈循环，被注意到并得到赞美的行为会被继续放大。

赞美也不仅仅是留给员工。管理者可以先审查自己的领导力，确定做得好的事情以及应该受到赞扬的事情。这类似于“先为自己戴上氧气面罩”的理论。

尽管赞美的好处是显著的，但为了最大限度地获得这些好处，必须平衡赞美和建设性的反馈意见。这就是第二点净化赞美，我们将在下一章中介绍它。目前，管理者必须认识到，一些人可能认为赞美不是必要的，高质量的工作是满足期望的证据。对于那些不愿意表达赞美或那些认为赞美过分夸张和不必要的人，请明白：最近受到称赞的员工会更积极地参与他们的工作，表现出更高的工作效率，获得更高的客户满意度，并拥有更好的成绩记录，赞美的好处是显著的。

为了更好地培养这一关键技能，我们要确定如何看待赞美。在 1~10 的等级中，1 表示“不同意”，10 表示“非常同意”，请按照以下称赞维度评价自己。

①我很乐意为员工、同事或合作伙伴提供真诚、及时、具体的表扬和认可。

②我一直在寻找机会和方法来确定与我合作的人的贡献。

③我被视为一个多次对有价值的工作表达赞美的人。

④我想方设法将个人成就与部门或组织地计划、目标和承诺联系起来。

⑤我积极地寻找方法，向一个进行变革的人灌输信心、希望和乐观。

⑥我喜欢寻找庆祝个人或团队成功的方法。

⑦我倾听的目的是理解，而不仅仅是回应。

如果你和我坐在一起，我会听到你自己给出的分数，然后问你以下问题。

①你在这 7 个维度中的哪一个维度等级最高，为什么？

②你在这 7 个维度中的哪一个维度等级最低，为什么？

③你对你的回答有哪些观察或见解？

④你希望显著提高 7 个维度中的哪一个维度的等级？

这一项评估不会出现及格或挂科，也没有正确或错误之分。这是一个关于你如何看待表扬以及你是否有机会成为可以推动自己和团队前进的积极能量的检查手册。因此，无论你如何评价自己，有 11 项建议可以提高将赞美作为战略资本的有效性。根据你对表扬评估的回答，以下建议将帮助你提高赞美能力。

1. 诚意地表达赞美

如果你欣赏某人，就告诉他们为什么他们所做的事对你很重要以及他们对组织及其愿景有何帮助，但记得要通过分享你的经历来针对性地进行表扬。当表达赞美时，将其个人化是接受表扬的人认为最重要的。价值数百万美元的问题是：“向我表达赞美对你有什么好处？”

带着鼓励的态度去赞美，因为这正是赞美所要做的。赞美不是要检查你的待办事项列表中的任务。赞美是帮助别人认识到自己的价值。亚伯拉罕·林肯认为，谈话中最好的结果并不是让这个人高度评价他，而是让人对他自己感觉良好。赞美可以为他人注入自信和对可能性的信念。

将赞美与目标联系起来，并理解为什么它对你很重要。如果你无法将某人所做的事情与你认为重要的事情联系起来，那你的赞美就会成为机械或虚伪的赞美。建立连接，你不仅会变得更加真诚，而且会更有意愿表达赞美，因为它与你最重要的事物保持一致。

请记住，你所表达的赞美会在一个人记忆的土壤中扎根、发芽，并产生积极或消极的信念。你的赞美可以使缺乏欣赏的企业文化得到滋养。在你们公司的人很少是邪恶、狡猾和讨厌的，但是有些人面对问题可能会不知所措、无法表达，因为他们周围的赞美气罐是空的，所以无法说出鼓励的话。

在继续阅读下一部分之前，花两分钟时间确定3个人（员工、同事、管理者）做的有价值和有益的事情。在接下来的72小时内找时间与他们交谈，并带着诚意去表达他们应得的赞美。

2. 及时地表达赞美

为了及时地表达赞美，你需要注意观察。及时性源于当下，关注那些正在进行重要工作的人。是的，你可能有一场会议接着一场会议要参与，并且有200封电子邮件等着你的回复，但请记住，对你最重要的人在不断地关注你并从你的行为中获取线索。如果你不注意观察公司中正在发生的事情，那么你就会错过成为吸引人们做好工作的吸铁石的机会。

及时性是赞美的乘数。及时性会增加、放大赞美的影响。如果你做了一些值得注意的事情，并得到了周围人的好评，赞美会是珍贵的，但如果是立刻得到了赞美，赞美会在新鲜的回忆中被触发。这会增加赞美的影响，使其更加内化。

不要相信你的记忆。观察一个值得注意的事件与重新评估事件之间的时间越长，你所拥有的细节和详情就越少，随着时间的推移你的感情和回忆会逐渐淡化。

3. 及时应用

想想前一天，你有没有发现什么值得表扬的地方？如果有的话，是什么？你明天可以对那个人说什么来表达你所感知到的价值？你打算什么时候说出来？请明确点。

想想上周或下个月，找到一个错过赞美别人的机会。错过赞美此人的机会的结果是什么？如果可以的话，你将做点什么来弥补？如果你当时表达了赞扬会有什么结果呢？

4. 具体地表达赞美

始终记得分享“为什么”赞美。表达他人所做的事情对你、客户、重要项目或同事重要的原因。越具体，影响就越大。将赞美想象为激光束，指导你在忙碌的工作中对标，瞄准对你来说最重要的事项、承诺或目标。

将你所给予的表扬与个人的职业、梦想、愿望联系起来。这要求你作为管理者知道什么对这个人重要，当你这样做时，赞美的差异性可以带来更多的回报，让你更满意。例如，你可以说：“珍妮特，我知道你想要有机会领导一个团队参与战略项目。你今天的工作证实我需要尽快帮助你找到这个机会。当你向执行团队介绍项目范围和结果时，他们非常喜欢你清晰的表达和理念。执行团队受到了鼓舞和激励。这正是我们团队管理者所期待的。让我们更加充分地讨论哪些机会适合你吧。”

将你的赞美与持续学习、成长和创新联系起来。我的一位同事布莱恩·沃尔特曾告诉我，他尝试使用“商业价值”法与客户进行沟通。“商业价值”类似于30秒的商业广告，只不过是专注于对团队或组织最重要的价值。例如，使用前面珍妮特的示例，管理者可以使用以下消息开始或结束团队会议：“在我们开始之前，我想让大家知道珍妮特做了出色的工作。昨天，她将项目介绍给了执行团队。演示如此引人注目的原因在于她对客户、员工和我们的价值进行了清晰、全面、非常有竞争力的解释。我希望你们在看到她的时候向她表达感谢，我们在下次会议上会花20分钟回顾一下她为此次演讲付出的努力。对我们所有人来说，明确、清晰和竞争力是很重要的，我们可以向珍妮特学习。好的，现在回到我们的议程。”

赞美是管理者和团队的变革、成长的动力。如果你真诚、及时、详细地实施这些建议，那么这些建议可以对你的领导产生积极影响。

接下来，让我们看看硬币的另一面。在下一节中，你将了解净化过程。

你的生活是大卫雕像，你是米开朗琪罗

到目前为止，我们回顾了赞美员工、同事或合作伙伴做的有意义、有价值工作的积极和鼓励的方面。现在让我们改变观点，颠覆赞美过程。赞美就是净化，其目的是帮助我们确定对绩效产生负面影响的领域，同时建立我们作为管理者的信誉。净化是为了消除管理者以及与其合作的员工和同事所面对的障碍和阻碍。

变革型管理者会隔离一两种有害的思想或行为，并努力消除它们。赞美能够带来希望和乐观，净化通常与信仰传统和精神文化相关，比如禁食。禁食使信奉者有机会摆脱他们日常生活中的事物，更多地反思他们的信仰和理念。从医学和健康的角度来看，禁食也是净化的方法，可以排除体内的杂质和毒素，这些杂质和毒素存在于我们生活的环境中，在某些情况下，甚至存在于我们吃的食物内。

在本书中，净化可以帮助管理者摆脱日常工作的束缚，考虑更重要的问题。通过这样做，我们可以过滤掉任何可能限制领导力的杂质。从变革型领导力的角度来看，净化将帮助你完成 3 件事：你将明白领导从来都不是独立的活动；你会看到对领导力的影响保持好奇带来的革命性变化；你会发现一些并不支持你的目标、承诺或愿景的事项。完成这 3 项认知可以改变你的行为，让你获得更好的结果。

在本节中，你将学习如何最好地净化你的领导力以及其他人的领导力和表现。要做到这一点，你需要 3 个关键因素来使净化过程产生积极的结果：

①充满好奇心而不是批判性地对待净化；

②努力寻找新的见解和洞察力；

③利用百分之一的规则。

净化过程鼓励管理者对不再服务于领导力的方面变得特别好奇。这不仅仅是一个挑剔和惩罚自己的问题。批判的思想会阻碍创造性解决问题，而保持好奇心是目标设定和寻求改进的积极方面。与赞美原则类似，净化评估是确定自己如何看待净化的最好工具。从 1~10 的等级中，1 表示“不同意”，10 表示“非常同意”，请按照以下维度评价自己。

①我可以挑战关于增长和业绩的普遍信念和假设。

②我经常问自己如何改进我的工作以及我做得如何。

③我一直在向当前组织以外的人学习，并从中成长。

④我很清楚地表达个人成长与部门或组织发展之间的联系。

⑤我经常以谈论伟大的工作是什么以及如何做来打开话题。

⑥我喜欢寻找新的、更好的服务客户的方式。

⑦我经常从错误中学到更多，而不是从成功中学到更多。

正如你在上一节中所做的那样，明确自己在 7 个维度中的哪个维度评分最高及原因；在 7 个净化维度中哪一个评分最低及原因；从回答中了解到哪些认知或见解；希望 7 个净化维度中的哪一个显著增加。

请记住：这个评估不是对通过或挂科、对或错的考核。它们应该被视为一个开场话题，以确定你如何看待净化，以及你是否采取措施让自己和团队进步。这与米开朗琪罗和他创造的大卫雕像非常相似。他说，为了创作像大卫这样的杰作，他开始删除所有不符合大卫形象的东西。你也要做同样的事情。结合你的评估结果，以下建议将帮助你思考如何开始应用净化过程。

1. 用好奇心净化

记住：每个人都有理由做他们做的事情。我们大多数时候都不知道这个原因是什么，在我们知道原因之前，我们可能无法理解我们所看到的行为。我们需要去理解周围的事物和原因，并放弃批判。如果没有好奇心，我们就无法注意到令人困惑的情况，并尝试去理解它们。过于武断的人经常把人和情况规整在盒子里，虽然是权宜之计，但却给他人留下泛泛之谈和刻板的印象。

停下来，观察并提出更高质量的问题。通过改进提出问题的质量，你得到的答案质量会明显提高。例如，一个较低级别的问题是：“为什么我在团队会议上做这么愚蠢的事情？”一个更高质量的问题是：“我非常尊重比尔，但我对他为峰会集团提案的工作进行了严厉批评。我想知道为什么自己会在团队会议上做这种事情？”一个源于好奇心，而另一个源于判断。

对自己好。当你使用净化原理时，请你以对待好朋友的方式与自己谈论净化。有时候人们需要安慰和关怀，然而大多数人都是他们自己最严厉的批评者并且毫不留情地评判自己。在这种情况下，人们提出高质量问题的能力几乎消失，插入到对话中的是来自地狱的使者，只想让你自我毁灭。切记不要让那个人出现在你的生活中。

2. 通过净化得到见解和洞察力

减轻负担。第一个建议是：不要以自我为中心。虽然你想要通过更充分地改善自己来实现目标，但不要过分沉溺于自己的缺点。清楚地认识自己的能力是领导力一个非常重要的方面；你的信誉很重要，需要认真对待。但是，学会自嘲也非常重要。当你嘲笑自己因为无知犯的错误时，你会促使人们仔细地看待自己的错误，并采取必要的纠正措施来最大限度地减少错误发生的情况。

净化需要纪律。见解和洞察力来自自律，需要不断地实践。当你遵循锻炼计划时，锻炼的次数越多，锻炼就越容易。赞美和净化也是如此。你做得越多，建立的肌肉记忆就越多，会不自觉地对资产和负债进行盘点。如果你想成为一名更有魄力的管理者、同事或员工，请明白遵循赞美原则可以帮助你了解自己的优势和盲点。

慢下来。为了获得新的见解并具有更高的洞察力，你无法在一瞬间完成整个过程。如果你在一心多用的话，尤其无法获得见解和洞察力。著名的一级方程式赛车手马里奥·安德雷蒂曾经说过："如果一切事情都在掌握之中，那么你的速度就不够快。"在一级方程式比赛中，这是精辟而真实的。这些赛车手把油门踩到底，在赛道上不断挣扎，但他们也必须放慢速度才能进站。如果他们没有慢下来，他们就会耗尽汽油并被困在赛道上。有时候你也需要减速——不是永久性的，但是足够让你恢复一下体力再冲刺。

寻找规律。我们都有做日常工作的模式。我们可以像每天穿衣服一样开车到办公室，并以同样的方式为工作做好准备。这是一种简单、有效的方式。我们每个人都只有一定的精力和能量处理每天的事务。我们的大脑在普通的问题上使用的能量越少，我们面对重大事项时储存的能量就越多。有没有影响你的规律？你参加了很多会议，没有时间吃饭吗？你在晚上思考工作而只睡了4个小时吗？你的运动项目是否会因你脚踝受伤而受到影响，反过来又是否会带来更多的压力和焦虑？你可以在自己和他人身上看到哪些规律？要明白造成这种规律的原因。

3. 用1%的规则来净化

每天1%。1%的规则是指：面对任何事情，每天做好1%，在72天内就可以提高100%。（在这个例子中，我使用的是复合利率。所以当你每天取得成功时，你会以加速度到达最终目的地。）每天改善1%的想法很有吸引力，对于我的大多数客户来说，他们认为这是可行的，他们能够找到一个新的想法、一个新的视角，或者听一位同事讨论他们为改善客户体验所做的工作。通过任何必要的手段，变革型管理者可以每天改善1%。

专注于进步。如果你是一名脑外科医生而且你刚刚在我的脑袋里锯了一个洞，我希望你对自己的工作非常专注。请精力充沛地来工作，请不要在到达我的手术室之前与你的伴侣争吵。今天应该是完美的。对于其他所有不是脑外科医生的人，其他

99.95%的在阅读本书的人，进步优于完美。我接触过各个公司的每一个角色和工作，他们都告诉我他们的工作必须是完美的。我同意，如果你是一名护士、会计师或一名飞机工程师，你需要继续取得进步并且你已经正确地完成了你的工作。但我永远不会要求完美。完美是不可能的，再努力也没法做到完美。完美主义会导致拖延，而专注于进步可以加速成长。

缩小你的注意力范围。在承诺原则中，我们讨论了管理者可以实际处理的优先事项。我发现这个神奇的数字是 3。当你将注意力集中在致力于做的 3 件最重要的事情上时，工作质量、思维清晰度和结果成功率都会提高。当你参与变革型领导的净化方向时，请列明你的优先事项并向前推进 1 英里（约 1.6 千米）。这样会让你更加满意和成功，这将在公司中形成一种文化。

在接下来的日程梳理部分，你要利用仅仅 5 分钟的时间回顾你在赞美原则中学到的知识并使其真实可行。

学会对他人说不，不要接受否定的答案

本章中最短的部分可能具有最长的保质期。日程梳理过程是一个简短（5 分钟）的过程，来审查你作为变革型管理者的一天。这是一个发现你的管理领域进展顺利的情况并强化它们，以及不顺利的领域减少或消除它们的过程。日程梳理类似于每天穿衣服的过程。你脱下衣服放在床上，之后去淋浴，并穿上合适、干净的衣服。如果你没有客户或顾客会议，你可能穿着卡其布裤子或牛仔裤。如果按计划进行客户会议，你可以穿着休闲裤和运动外

套。在任何一种情况下，你都要看看今天的工作，并决定最佳的穿着方式。

日程梳理过程也是如此。只不过日程梳理不是在早上进行而是在一天结束时进行，而且比你在早上喝第一杯咖啡或茶所花费的时间更少。日程梳理有两个版本和 3 个简单的步骤。第一个版本是简短但功能强大的每日办理登机手续，需要花 5 分钟时间回答这 5 个问题；第二版是在每周一次的审查之前观察结果，审查时间是 20~30 分钟，每月也需审查一次并辨别更有针对性的后续步骤。第二版的价值来自你拥有的数据以及更多问题。首先是以下 5 个问题。

①我今天在实现目标、优先事项或承诺方面最成功的地方是什么？

②是什么让我获得成功？请明确一点。

③我今天在实现目标、承诺或优先事项上有哪些地方失败了？

④让我失败的原因是什么？请明确点。

⑤为了使上述见解对我有利，我明天做的一件事是什么？

如果你坚持连续这样做 90 天，你将在 129 600 分钟内投入 450 分钟，这只占你生活时间的 0.003%。不过其中三分之一的时间你都在睡觉，所以你实际有 86 400 分钟。这意味着你将投入 0.005%的时间，是你可用时间的很一小部分，但就像愚公移山的故事一样，日程梳理可以让你通过激情、创新和成长的思维方式，以满足和成功的方式增强你的领导力。

那么，第二版有什么不同？第二版需要两个额外的步骤和问题。你应该在周末期间留出 30 分钟来全面查看你的日历。把它想象成你最喜欢的运动的中场休息。事后来看，当你想到整个星期而不是个别日子时，情况会怎样？你会问自己一样的问题，但只有一个小小的转变，你会说“本周”而不是“今天”。

这样做的主要目的是整体来看这个星期，而不是只思考单个日子。在这样做的过程中，你将提升视线，从更广阔的视角看待工作。你将扩展周边视野，并更清晰地考虑下周你想要取得的成就。

让我谈谈那些对主动和立即采取行动有偏见的强硬 A 型人士的看法。我知道你是一个行动者，可以很快地集中精力，在很多方面，你有令人钦佩的“是的，我可以”“是的，我会”的思维方式。我选择你作为团队成员，是因为你的能力和工作方法。

但是，这可能有点违反直觉：如果你想加快速度，请先花 5 分钟减速。如果你进行日程梳理，你将能够更有效地解决关键问题。通过每天花 5 分钟进行赞美和净化，你的行为和与你工作的人的行为将变得以目标为中心，让你加速到达目的地。而且，只需要你花费 0.005% 的时间，我就可以证明。

7 Principles of Transformational Leadership

第六章
坚持原则

天赋和盐一样，都可能会毁掉晚餐

我遇到过一些非常聪明的、有才华的管理者，他们在遇到逆境时会像风暴中的纸牌屋一样，彻底崩塌。我还遇到过其他领导人，他们的才能和才华不那么明显，但是会以不可思议的毅力度过逆境，获得成功。在经历过所有辅导和咨询工作之后，我得出的结论是：在变革型的绩效方面，天赋被高估，坚持不懈被低估。

坚持原则在政治、商业和体育界都有体现。在政治方面，亚伯拉罕·林肯在最终当选美国总统之前落选或重选了12次；埃里克·戴森爵士在5年内试验了5 127次他研究的旋风吸尘器，现在这些吸尘器价值为50亿英镑；达拉斯小牛篮球队老板和亿万富翁马克·库班因工作到凌晨2点、7年没有休假而闻名。还有很多的巨星运动员曾因为天赋或身材原因而被拒绝过，想想迈克·乔丹、瑟琳娜·威廉姆斯、罗素·威尔逊和韦恩·格雷茨基。他们有天赋吗？当然。他们之前或现在都是最勤奋的运动员吗？当然是的。

这些运动员中的每一个都具有天赋和才能，但如果没有纪律约束和毅力，他们的天赋和才能永远无法使他们得到他们现在所取得的成就。罗素·威尔逊因为身高原因无法参加 NFL（美国国家橄榄球联盟）比赛，但他在前 3 年赢得了超级碗，因为他的目标是："我的 2016 年目标就是获胜，打赢我参与的所有比赛。"瑟琳娜·威廉姆斯的身高和体重对于冰球运动员来说是正常的，而且他有很好的直觉。他的直觉来自于他在冰上花费了大量时间。瑟琳娜·威廉姆斯曾经说过："幸运与成功毫无关系，因为我花了很多很多小时，无数个小时，在球场上努力练习，从来不是凭运气。"

在我们迄今为止涵盖的所有原则中，坚持原则就像是准备冲刺的关键时刻。这个原则会让你思考："我有多想要达到目的？我会克服遇到的所有障碍吗？我能接受另外一个结果吗？我是否会跨过对失败的恐惧，无论如何都表现出勇敢的一面？"我的观点是，当你在绘制一个伟大的想法、希望、梦想或抱负时，你会一直坚持下去。

人才之战

在过去的 20 年里，"人才争夺战"一词被大肆渲染。对于高管和企业家来说，无论你有什么伟大的想法、产品或服务，都只有在你拥有合适的人才时才能实现你的战略目标。是的，人才是所有管理者取得成功的基本要素，因为成功绝不只是单个人的活动。

如果你像我遇到过的许多管理者一样，那么你应该拥有才华横溢的员工，但是他们缺乏克服逆境所需的毅力。你可能已经招募了最好的人才、掌握了顶尖的技能，但忽略了招募最好的思维方式。我认识的一位医院首席执行官招募了该州最杰出的外科医生之一。这位医生的能力非常出色，因为他热爱自己的工作。同样特别的是，他对与同事合作的蔑视。他的自我认识是“我是整个东部沿海地区最好的外科专家”。事实的确如此，但他对自己的才能和声誉的自负驱使病人向其他医生寻求医疗服务。是的，才华很重要，但是一个人的声誉也同样重要。

变革型管理者需要认识到，才华固然重要，但是与坚持不懈的品质相比却相形见绌。是的，你希望在团队中有才华横溢、天赋凛然的员工；你还希望自信地走到办公室，十分确认你带领的团队一定会完成战略目标。你可以带领他们完成实现目标的基础工作，但是如果没有足够的勇气和决心，你也永远不会实现变革型的结果。在接下来的部分中，你将学习如何在逆境中坚持不懈，以及如何克服工作中的四大障碍。

没有简单的防弹策略。你会发现，你需要在肩膀和耳朵之间训练出更多肌肉。在下一节中，你将学习如何做到这一点。

为什么温斯顿·丘吉尔对学生的建议适用于成年人

坚持不懈是一个有趣的原则。坚持不懈的概念是众所周知的，早就已经被研究和解剖，并且奠定了我们成长的基础。我们是否像孩子一样积极地学习控制冲动？我个人并不像小时候那样学习去控制冲动。在 12 岁时，我的家庭医生说我在学校不专心的原因是植根于ADD（医学上指注意力不足过动症）。这可能是真的，我对一些领域非常着迷，迷失了方向。我非常坚持学习感兴趣的科目，却将传统科目扔到废料堆里。在许多方面，我以违反直觉的方式学会了坚持不懈，我很高兴自己是这样的。

温斯顿·丘吉尔曾在他的学校发表过讲话，并谈到了第二次世界大战的最后10个月。他说英国的盟友拒绝加入对德国发动的这场战争。他说："我要对学校里所有的人说，这10个月所经历的事情给我们带来的教训是：永不屈服！永不屈服！永不！永不！我们从来没有也从来不会屈服于除了荣誉和理智之外的信念，不管这些信念是伟大的，还是渺小的。"

但是，怎么做到从不屈服？是通过意志力还是另有灵丹妙药？我不相信纯粹的意志力量或魔法子弹，但我相信过程。我经历的过程与许多职业运动员相同，并且被证明可以显著提高你的毅力。它被称为"Giddy-Up过程"，现在需要你回答下面9个问题。

1. 你想要什么

回答这个问题是坚持不懈的起点。回想一下目标原则。你的个人和职业生活中有什么重要的想法？它会离你而去吗？它会激励你吗？如果你对自己想要的东西只有一个模糊的想法，你就不会坚持下去。有数百万人走来走去，他们对自己想要的东西只有一个模糊的概念。但你不应该是这样的。清晰地明确一个你想要的目标。

2. 它对你来说有什么意义

在整个目标原则和说服原则中，我敦促你思考一个问题："这对你来说有什么重要意义？"现在问你这个问题了。如果你想升级到销售副总经理的职位，考虑为什么这个职位对你很重要，请记住，你的答案必须能够激励你，能够点燃你心中的热情。如果你遵循每项原则并希望获得晋升为销售副总裁的奖励，那么你、公司、员工和客户的收益是什么？如果你的答案没有吸引力，那么你想要做的和正在做的事情都没有意义，只会成为漫长而缓慢的阻击战，耗尽你的力量并导致失败。

3. 你需要放弃什么

别搞错了，你想要的东西可能需要你放弃另一些东西。这可能意味着你必须在下午 6 点停止工作，回家与家人共进晚餐。它可能要求你停止雇用你喜欢的人，而是聘请那些从不评价他们表现的人。它可能要求你抛弃你随身携带的负面思维方式以及取悦他人的心理需求。你必须放弃的前 3 件或前 5 件事是什么？列出它们，并客观地看待它们。

4. 为了取得成功你需要学习什么

如果你需要放弃被喜欢或你需要为你和团队设置更高的考核标准，你将在哪里学习如何做到这一点？你会一直有紧张感，想要回归已知和可预测的地方，远离期望的但不可预测的未来。你要看什么书，或者通过什么课程、网络研讨会以掌握这些能力？

5. 你需要有什么样的圈子

与上一个问题一样，你会和什么样的人打交道？如果你被那些与你想要的东西相反的人所包围，那么你坚持不懈的概率是微乎其微的。对于许多戒毒者而言，有一段时间他们无法与喝酒或吸毒的朋友，甚至家人共度时光。习惯的吸引力是如此强烈，以至于他们必须将自己置身于恢复过程间所经历的那些“工作”之中。也就是说，要在同样的戒毒过程做同样的事情。你也需要相信你圈子内的人能在你的伟大旅程中支持你。

6. 你每天都会告诉自己什么

我们头脑中每天都有两个故事：“是的，我可以”的故事和“不，我不能”的故事。这两个故事成为我们感知周围世界的方式，但它们并不是挡在你前面的让你沮丧的车，而是你告诉自己的故事——这个驾驶员太蠢了，需要被吊销驾照。我们当然不可能知道他是不是愚蠢，不过这就是我们告诉自己的故事。我们每天要讲很多类似的故事，当你朝着你的目标、优先事项和承诺迈进时，你会带着什么样的主导思想？

7. 遇到逆境时你会做什么

如果你已经在墨西哥湾生活了 20 年，气象服务机构告诉你，飓风将会到达你所在的海滩，并且会以每小时 85 英里（约 137 千米）的风速盘踞 12 个小时。你之前已经经历过飓风并且已经制定了危险应对措施，那么这一次，你也会这样应对危机。

持之以恒也是如此。如果你知道你将面临的障碍，例如，当你饥饿时，你会购买垃圾食品，为了不要饿着肚子，你可以提前制定去杂货店的计划。如果你知道睡眠不好会使你对团队改进流程产生抵触情绪，那么你可以计划在大型团队会议前的那个晚上提前上床睡觉，或者可以授权审核流程改进方案，为自己减轻繁重的工作。

8. 你将如何奖励自己

管理者往往认为坚持不懈是进入劳动世界的代价。无论如何，一步步完成你的工作。从某种意义上说，这是事实。作为管理者，无论你是否对项目感到不满，你都需要克服困难并完成项目。但另一方面，如果你的工作不断要求你在没有任何奖励的情况下过度表现，那么你就会走向倦怠，积累大量的负面情绪。考虑到你的目标和相应的优先事项和承诺，你会用什么来奖励自己？参与一个课外的领导力项目？与亲人共进晚餐？送自己一支新笔？你想要的新运动外套或服装？如果没有奖励，你可能会以殉道者的心情进行这个项目。

9. 谁是你的榜样

当我尽我最大的努力坚持时，我会想到一个人，他是我想要完成的事情的缩影。我可能认识这个人或者可能只在书上读过他的故事。举一个我自己的例子，我的导师艾伦·怀思是我的榜样之一。他对生活的热情是他最引人注目的特质之一。他喜欢生活并尽可能多地获得新的体验。他喜欢戏剧、旅游、葡萄酒、美食、富有挑战性的对话、阅读和探索新想法，并帮助像我这样的人充分发挥自身的潜力。

为了让你在生活的所有重要领域坚持下去，你需要回答以上9个问题。回顾过去3个月的个人或职业生活。这9个问题中哪一个对你有益？如果对你来说，能够持之以恒地坚持你的目标和愿望很重要，那么请花5分钟时间再次阅读此部分并明确你的想法，集中注意力回答问题。当你朝着目的地前行时，迷雾就会升起，你需要做什么来坚持下去？你会需要热情和信念来支撑、支持你加速到达目的地。

在下一节中，我们将讨论取得成功的两种主要方式，并学习如何通过坚持不懈来发挥你的优势。

组织中的乌龟和兔子

在工作环境中，乌龟并没有得到很好的考虑。如果在速度比较慢、更务实、有条理的乌龟和速度快、单打独斗且没有毅力的兔子之间做选择，大多数管理者更喜欢兔子。为什么？速度对于今天的每个企业都至关重要。客户希望他们的问题能够得到快速的反馈，当他们收到类似乌龟一般的回复时，他们会觉得这家公司并不熟知此项业务。客户可能立刻就在社交媒体上发布这家公司“龟速响应”的帖子。

你的企业对市场变化或客户投诉的响应速度有多快？当你看到组织内部有需要进行改造的流程时，你是否会长时间考虑它或者你是否需要快速返工？现实情况是，在不同的情境下，乌龟和野兔的反应都是有价值的。例如，有些提议应该尽快得到考虑并实施。还有一些提议只能通过缓慢进展来实现。例如，技术大师的塑造过程并不快速。你可以在变革型领导过程中尽早获得快速收益，但只有经过长时间的思考，长时间的没有进展，根本的变革才会到来。

1. 乌龟和兔子的好处

由于我不主张雇用长耳朵、食草、快跑的兔子或陆栖爬行动物，所以我来解释一下关于乌龟和兔子的比喻。乌龟代表了我们工作和职业生活的一部分，只有通过坚持不懈地努力和保护性的外壳才能实现。尽管乌龟的目的地清晰明确，但我们只能以婴儿的步伐前行。兔子代表快速离开某地时所需的肌肉爆发力，但这不能长时间持续。你需要综合这两种能力，但如果你让员工同时具备这两种能力，效果可能不会很好。这类似于要求一名 350 磅（约 159 千克）重的进攻锋线球员在足球队中担任接球员的角色。

为了实现你的目标、承诺和愿景，你需要清楚乌龟和兔子的优势和局限。你需要为反对者和建议你放慢速度的人建立一个保护性的外壳。你要全力以赴地跑步前行，不要把每件事情都当作生死攸关的问题来处理。

温斯顿·丘吉尔在劝告他的内阁与希特勒谈判时，即使面对不间断地轰炸和英国公民的死亡，还是采取了“乌龟和兔子”的工作方式。他恳请内阁成员快速部署新武器。德国成功入侵法国、英国军队被包围在敦刻尔克时，他都靠着武器取得了成功。有些人可能会说他无法被说服，但实际上丘吉尔知道英国是险胜，而且胜利不是来自于单一的策略，而是一个双管齐下的“乌龟和兔子”策略。

为反叛者建造坚硬外壳的三个步骤

1. 寻求尊重，而不是友谊

我的导师艾伦·怀斯曾告诉我，如果想被人喜欢，我应该养一只狗——作为高管和企业家的顾问，我的重点应该放在尊重上。艾伦的表达方式诙谐而深入。在我职业生涯的早期阶段，在进行业务重组时，我花费大量的时间希望受到大家的喜爱和尊重。我不得不做出艰难的决定，并试图以友好的方式让大家去接受它。事实证明这样做没用。我不得不更努力地工作并承受更大的压力，因为我需要被人喜爱。作为一个移民和在童年里多次搬家的人，我在潜意识中会试图避免被拒绝，同时也希望受到尊重。我所知道的自由并非是试图成为所有人喜爱的对象，而是成为彰显自我目标的人、严格遵守承诺并致力于为我的客户创造更多的价值。

2. 寻求建议，而不是反馈

我从建议和反馈之间的差异中学到了重要的一课。当我要求反馈时，人们都非常愿意提供反馈，但我对它是否有用或是否可以执行感兴趣。而且我了解到，通常我收到的反馈更倾向于保留提供反馈的人的自我价值和自尊。我发现，我对成功的渴望经常会影响他人的欲望，因此我接收到的来自他人提供的反馈，出发点很可能是并不想让我成功。

变革型管理者会寻求建议。反馈只需要说出来，反馈不需要采取行动。反馈通常是单向交易，提供反馈的人看到他们的责任，以分享反馈结束话题。然而，建议则是由两位彼此尊重并希望彼此变好的同事共享。当受到真诚地邀请时，建议会产生与反馈截然不同的响应。建议包括希望参与另一方的合作并提出如何实现其目的或期望状态的方法。建议很少是泛泛之谈，而是亲自告知另一个人的详实话语。

3. 表明你的目标

第三种不受反对者影响的方法是直接表明你的立场和目标。在目标原则中，“热情”这个词被用来描述目标的基本结构之一。当你爱上你的目标时，你将以与你对待个人生活中的爱情相似的方式去对待它。你会写下带有感情的笔记；你会花时间和这个人在一起，并告诉他所有你的爱好和喜欢的东西。回想起来，你的行为方式可能看起来像傻瓜或青少年，但这都根植于你对另一个人的感受。你不受理性思想的控制，被对另一个人的爱所驱使。

这种感情同样适用于你的目标。小心对待它，并表达你的热爱。用感性和关怀的方式看护它，花时间享受它的陪伴，表达你的欣赏，每天用行动来喂养它，它越强大，你们之间就会产生越多不可分割的联系。

建立“兔子”反射的两个步骤

1. 即兴创作

我与一位高管谈到过他无法按照自己的意愿尽快执行工作的事情。他一直都知道工作的技术逻辑，但是仍在执行中步履蹒跚。在我们谈话的 20 分钟里，我所听到的是他对每一个行为的高标准以及他对正确的要求。他的想法是，当所有事情都正确的时候，他就会成功。如果出了一点差错，他就会失败。他把自己逼到了一个角落，反过来又强加给别人相同的压力。在他的想法中，错误的行为或决定是不可接受的。这种信念使他和他的团队工作速度大大降低。问题的根源在于高度自我批评。他保持着极高的标准，只要未达到标准要求，他就会做出他认为正确的事情，并在不知不觉中向他的团队传达了与他自己一样的高标准以及自我批评方式。

虽然你可能认为这需要治疗师来解决，但我不同意。我见过很多聪明的高管，当他们意识到他们思想上的误区时，他们会自然而然地朝着修复它的方向前进。我们下面讨论 3 个步骤来让自己更加随性。首先是将非黑即白的错误思维转变为良好、更好、最好的思维。例如，一个好的答案可能不是他理想的答案，但它的好处在于它创造了一个获得更好答案的起点，如果接下来进行实验和探索，可以得到最好的答案。

我和这位高管还讨论了即兴创作是高级艺术，需要邪恶的智慧，并且可以随着时间的推移而发展的问题。这种思路引起了他的共鸣，因为他认为这更加合理，更具有吸引力。他还同意观察、倾听并发现自己对他人和自己苛刻的表现，以及在什么情况下会有这样的表现。这样可以为他的领导力带来更多的阳光，变得更加随性。

2. 建立肌肉记忆

我一直都是一个跑步爱好者。作为一个有训练经验的短跑运动员，我享受全速奔跑的快感。我很难在一个小组中奔跑，也很难控制自己加速并超越前面的人的念头。但是当我开始做铁人三项运动时，我发现我的短跑经历导致我的肌肉需要去适应那些缓慢且长久的运动，这些运动不需要爆发，不需要展现竞争的状态。

铁人三项运动的专家告诉我，经过数月和数年的持续训练，我的肌肉可以逐渐适应并且我可以将冲刺注入我的铁人三项运动中。一旦我的肌肉掌握了铁人三项的冲刺和延长时间，我就可以选择合适的方法来适时游泳、骑自行车和跑步。当你想像兔子一样跑步时，你不可能只用一天就变成兔子。这需要时间和逐步有目的地增加肌肉负荷以满足不断增长的需求的过程。

先问自己哪种方式更适合你？乌龟还是兔子的工作方式？如果是乌龟的工作方式，那么减少你工作中最不吸引人的部分25%的工作时间。如果你更喜欢兔子的工作方式，那么你认为领导的哪个方面花费了太长时间？谁是你信任和尊重的而且可以去寻求有关如何从乌龟的工作中受益的建议的人？

无论你想要发展哪种技能，都要认识到，当一个目标抓住了你的心并促使你开始实现它时，一种坚定不移的精神就会环绕着你。你会在早上醒来时想象你的一天，计划你将如何充满热情地完成你的目标。你积极地进行当天的工作，通过各种方式将你的目标融入语音邮件、电子邮件和会议中。当你想到需要做出的关键决策时，你的目标支撑着整个思考机制。

但是为了坚持并实现变革效果，在你能帮助别人之前，你必须认识到自己不能同时成为一个350磅（约159千克）重的进攻线卫和一个外接手。你有坚持不懈的DNA、才能、技术和对一种行为的偏好。但是，通过遵循一些步骤，你可以变得不受反对者和障碍的影响。在下一节中，我们将讨论阻止你做好最佳工作的4个障碍，并对本节所学的内容予以整合。

阻止你做好最佳工作的四大障碍

毫无疑问，每个变革型管理者都希望做出引人注目且有意义的工作，并且将领导目标视为这样做的起点。然而，每一个起点都会出现一个缓慢点，如果无人看管，就会变成停滞点。成功的管理者已经学会了如何解决妨碍他们实现目标的4个最常见的障碍。通过了解这些障碍，管理者可以更好地克服障碍，有目的地而非偶然地进行管理。

1. 惯性

惯性是诱人的。我们很容易陷入工作中，并以一直相同的方式领导别人的工作，即使它不再起作用。地球上的每个人都知道变化是确定的，增长是可选的，保持不变的吸引力是因为它不需要改变，不会有学习新事物产生的不适。惯性像病毒一样感染我们，让我们在明知工作无意义的情况下，也会接受复制过去。我曾向 10 位领导人询问过他们的工作是否具有启发性、创造性、变革性、创新性和目的性，能给出肯定回答的只有 1~2 个人。问同样的 10 位管理者，他们是否真的认为他们的工作是缺乏创造力并会产生安全和可预测的结果，你会听到 6~8 次肯定的答复。

怎么会这样呢？很简单，正如我们在承诺原则中所讨论的那样，当管理者有 12 个优先事项并感到不堪重负、过度劳累和负担过重时，他们投入更多精力、时间和资源来重塑工作的可能性几乎不存在。他们已经变成西西弗斯（希腊神话中的人物。他的生命在日复一日地将巨石滚向山顶的重复工作中消耗殆尽），只是等待巨石滚下山并压扁他们。他们已经放弃改变，并屈服于目前的状况。

然而，令人震惊的是，当管理者发现一个希望、梦想或想法紧紧抓住了他们，当他们看到可以以这种方式来整理他们的工作优先级，当他们停止试图纠正自己的弱点，而是发挥他们的优势时，惯性就被遗落在幕后。这并不意味着生命会变成蝴蝶、冰淇淋和独角兽，但它确实意味着管理者的思维方式发生了转变，他们对可能性的看法也是如此。

2. 无知

你可能同时拥有聪明和无知。例如，管理者可以在技术上很出色，受过良好教育，拥有辉煌而引人注目的工作经历，同时对员工或客户的希望、梦想和愿望一无所知。

我也相信，对于我来说，读这本书的领导者是善良、聪明和才华横溢的，这是一个安全的假设。我不认为你是个失败者，也不认为你是一个懒惰的无知者。我在每个会议室、小隔间和办公室里所看到的都是管理者，他们要么对目标的力量不了解，要么不知道他们已经沉迷于使用硬性事实和数据来领导自己和组织。我看到管理者忘记了他们的行为正在影响他们的表现这一事实，忘记了抓住员工的心灵和思想是第一要务。他们很聪明，不要误会我的意思。除了在创造他们迫切需要的组织转型所需要的东西上无知以外，他们在所有事情上都表现得很聪明。他们只是对领导的人员和关系方面一无所知。

在本书中，你已经了解了赢得自己以及团队的心灵和思想的策略。从某种意义上说，你不再对领导的艺术和科学一无所知，而只是对工作障碍无知。真的是你不知道怎么样做吗？或者是你被惯性陷入困境且没有找到出口吗？在你回答之前，让我们谈谈下一个障碍：经验不足。

3. 经验不足

在变革型领导环境中缺乏经验并不像听起来那么严重。它不涉及管理者的长期能力，而是关于进行变革工作所需的短期人才和技能的观察。缺乏经验适用于，完全有能力学习如何执行有意义的工作，但缺乏变革型管理者则需要的是具体的、有针对性的和掌握当前新的或更高级的技能的管理者。对于管理者和他们的直接上级来说，缺乏经验更多地指出了技能发展的机会。

你可能很容易说：“是的，我的团队缺乏经验，我希望开发一种更具创新性、热情和专注于增长的思维模式。”弄明白处理不满客户所需的技能或挽留打电话关闭账户的客户是很容易的。但是，变革型管理者应该不断地问自己，他们需要什么样的新体验和教育来引领他们所设想的变革。你是否需要更多基于目标的领导经验？你是否需要更多有关制定领导承诺和优先事项的经验？如何说服他人或领导战略项目？如果你的答案是没有你需要的新经验或教育，我提醒你重读无知和惯性部分；如果有的话，你会想听听从大厅向你滚来的沉重巨石的轰鸣声。

4. 冷漠

十分之九的情况下，冷漠来自于没有明确和引人注目的领导或组织目标。对于一些管理者来说，实现财务目标是他们的目的。然而，这个目标对于赢得员工或客户的心并没有多大帮助。是的，实现财务成功对于保持相关性至关重要，但将财务指标作为目标反而会导致绩效降低。变革型管理者会认识到，在一个人的生活中做出有意义的改变会减少冷漠，并带来更大的创造力、活力以及改变和成长的意愿。

我看到冷漠有许多不同的形式。无能的高级领导人、无休止的预算削减、有争议的合同谈判、不满的客户、销售营销和运营失调、产品质量管理不善以及失控的个人生活都会产生冷漠。我们能够看出它植根于简单的事情，如健康状况不佳、睡眠不佳和营养不良。

冷漠来自没有真正给同事带来任何产品、顾客、表现、声誉或利益的人。冷漠需要被根除并像癌症一样对待。如果它生存下来，将转移并杀死你或你的组织。这是变革型管理者要注意的地方。他们不会允许惯性，缺乏经验或无知来阻止他们。他们的任务是在冷漠出现的那一刻消除它。

到目前为止，你学到的每一条原则都要求你克服这4个障碍，尽最大努力做好工作，创造一种让大家尽力做好的文化。虽然有时候消除冷漠可能需要快速和激进的程序，但大多数情况下，所需要的是在逆境中的坚持不懈。在下一节中，你将学习如何利用乌龟和兔子工作的方式创造变革型结果。

为什么执行胜过战略

在坚持原则中，执行胜过战略有3个主要原因，每个原因都源于对战略的过时和不正确的认知。从整体上看，这些认知强调了战略性地思考领导力、业务、员工、绩效以及个人满意度和成功感的重要性。同时，也指出了能够改变游戏规则的现实，即如果不与明确的执行结合，战略性思维注定只会填满另一个高度思考，但很少使用战略计划的架子。看看你的书架——无论是在你的计算机里还是在实体书架上——并问自己一个问题：如果我要给自己、团队和组织评估能否将战略思想转化为可行的、有利可图的有益结果，那么1~10分我会给出什么分数？在这种情况下，1是可悲的，10是标杆性的。以下介绍的是对战略和执行的最重要和最常见的误解。

1. 战略是忙碌工作的喘息机会

（1）过时的认知

大多数人持有的第一个错误观念是：战略会议是调整紧急情况的一种方式，并且可以参与到头脑风暴、有趣、充满活力的对话中。虽然你可能会受到战略的激励，但对待战略的最佳看法是：它是一个严格的自我检查过程，包括对先前的结果、有效和无效的内容，以及你和你的组织面临的需求的检查。战略会议只是一个改善业务情况的起点。你必须回答诸如："我们作为一个组织将在2~3年内达到什么目标？""我们将如何在客户的生活中做出有意义的改变？""我们希望员工体验到什么，在2~3年内实现什么？"等问题。这些都是吸引人的重要问题，对许多人来说，这是令人愉快的，因为这些问题不是今天的待议事项或其他残酷的事实。战略会议使员工能够想象一个充满新可能性的未来——新的可能性可能比当前的状况更具吸引力。

（2）新认知

战略会议是加速绩效的准备区域，是阶段性的。是的，清楚地了解未来是必不可少的，我们需要对未来充满热情，但更需要设定战略阶段。另外，坚持不断前进并实现未来目标还需要持之以恒的执行力。

2. 成功执行可以消除失败

（1）过时的认知

在工作环境中，许多人得出的结论是，他们必须在所做的每一项努力中取得成功。因此，成功需要消除失败，因为许多组织都不容忍失败。风险太高，投资太大，客户太挑剔了。是的，赢得战争是必要的，但没有打过一两次败仗，可以一下就成功的战争是不可能的。

我在工作中遇到的最消极和错误的看法是：如果你失败了，你将被降级到北达科他州法戈市（北达科他州是美国中西部的一个州，法戈市是北达科他州东部的一个城市）的办事处，你的职业生涯将会受到很大限制。这种思维方式意味着许多领导人只会试探性地执行。他们对下决定犹豫不决，因为担心如果自己做的不正确，会对职业的发展不利。

（2）新认知

在你的领导力中注入F3（Failing Forward Faster）信念：失败加速前进。已经取得值得注意的成果的管理者和个人成为榜样的原因之一是他们坚持不懈地面对逆境。请记住杰姆斯·戴森爵士、奥普拉·温弗瑞、百布·鲁斯、J.K. 罗琳、托马斯·爱迪生和亚伯拉罕·林肯的例子。你需要在会议和领导过程中灌输这种精神：如果没有失败，你不会接触任何新的东西。坚持不懈是一种精神和品德，而不是一种可以举例说明的价值。

3. 速度是危险的

（1）过时的认知

在赛车世界中，速度就是游戏的代名词。能够以最快的速度绕过赛道并在竞争对手之前越过终点线的人才是赢家。赛车驾驶员能够在速度和安全平衡方面达到最佳状态。他们不怕快，事实上，他们不断通过正确的而不是愚蠢或鲁莽的方式寻找更快的方法。观众可能会觉得赛车运动令人振奋，但是当有机会亲身体验赛车的速度时，观众会像一个在卧室里看到一只老鼠的5岁孩子一样尖叫。

然而，速度是工作环境的新货币。只需点击鼠标，就可以将1000万美元的金额从一个金融机构转移到另一个金融机构。如果员工对问题的反应时间太慢，客户的看法会立即发生变化。但是大多的员工都害怕速度，因为他们认为速度是鲁莽、不完美和不受欢迎的表现。他们之所以有这种感觉，是因为他们在工作的赛道上驾驶着小型货车，而不是一级方程式赛车。其实，即使驾驶着小型货车去赛车，你也会觉得失控。

（2）新认知

只有当你驾驶的车辆和赛道不匹配时，才会将速度定义为危险。讨论需要哪些新技能、思维模式、设备、流程和系统来缩短新产品的上市时间或增加关键客户的响应时间。持续和持久的行为不一定是最合适的，重新定义速度较慢的成本以及更快速度的收益。

坚持不懈地执行胜过战略。虽然战略可以为你、团队和组织设定发展方向，但实际情况是，实现战略目标需要坚持不懈，甚至是近似冷酷的执行力。

在本章中，你可能会发现一两个阻碍你实现最重要战略计划的障碍。变革型领导的强硬之处就是这样：在你爱上你的目标并希望它变得凶猛之前，这里描述的坚持只是页面上的文字。当你的目标抓住了你的心并且牢牢不放时，这个页面上的文字不再是脑中浮现的念头，而是强迫你系上跑鞋并加速奔跑的计划。下一部分是关于将你阅读的所有内容转换为变革型成果的最终计划。

第七章 准备原则

过有目的而不是充满意外的生活

虽然我主张在你生活的每个方面都设立目标，但面对有些事情和时刻，你不能也没有办法做好充分的准备。2016 年 12 月 13 日，我的家人经历了一场无法想象的灾难，我们完全没有做好准备。我的姐夫乔伊·谢伦正在墨西哥游泳，突然有两个海浪从后面撞到他，使他头朝下撞向了沙滩，在撞上沙滩的那一刻，他的脖子扭断了，如果不是因为一个女人站在 25 码（22.86 米）外的海滩上大喊她的丈夫来帮助他，他可能会直接被淹死在沙滩边。

他在没有恢复意识的情况下接受了 15 分钟的心肺复苏术。当救生员停下来时，一位目睹了这起事故的住在邻近酒店的医生找到了心脏除颤器，然后到达现场再次开始对他进行心肺复苏术。整个过程持续了 10 分钟，经过 4 次冲击后，他救回了乔伊。

乔伊在墨西哥进行了紧急手术，3 天后，他被送往波士顿的麻省综合医院，在那里他被诊断为四肢瘫痪。但是，他还活着，没有脑损伤，并且有着惊人的良好思维。通过许多方式，他告诉自己和家人这只是一个起点，而不是他的终点，让大家准备接受他的预后情况。

在乔伊受伤两周后，我还没有完全准备好面对他受伤的严重程度或者考虑好这样的变故对每个家庭成员的影响。这种程度的事故是无法提前准备或者完全理解的，我们的哭泣和准备并不足以应对他的病情的严重性。

但是面对这次事故，乔伊、特别还有我和我的家人，每天都会学到一些关于恢复的方法，有的是他自己恢复的方法，有的是我们采取的让恢复过程更健康的新方法。看着乔伊勇敢地面对这种逆境，直觉告诉我乔伊可以教我很多关于准备原则和变革型领导的知识。乔伊已经说过，他永远不会放弃，而且他确切地知道这个情况在身体和情感方面会给他带来什么。他知道这是对他的健康和生活质量的巨大考验，也是对他的妻子、家庭和事业的一次考验。他在任何方面都不天真，但他相信自己看待伤病的态度以及他对自己思维方式和康复的选择，可以让他克服困境，过上富有成效和健康的生活。乔伊的态度正在改变我的想法，并且让我对他所完成的事情感到惊讶。

这部分的标题是过有目的的生活，而不是充满意外的生活。意外并不意味着乔伊经历的意外，也不是说你的领导和生活只是偶然事故。但我发现，我曾经合作过的每一位高管和企业家，他们的工作要求正在阻碍他们设计能使他们蓬勃发展的领导力和生活。

现实情况是，你的变革型领导之旅将充满你能想到的困难和障碍，甚至还有你没有预想到的困难和障碍。你可能已经考虑过领导层的各个方面以及组织的绩效，并意识到你正在做的大部分工作需要转变。你可能已经了解了你的客户体验，并了解了他们需要转变的情况，或者了解了你的员工体验需要转变，以便他们能够以最好的自我状态来到工作中。到现在为止，你可能会对自己说，你的工作需要从面对着枪林弹雨，在敌人领土上缓慢的艰难跋涉，转变成为你希望作为管理者的最高表现。

一起工作过的一位高管告诉我，他们每天参加 8~10 次会议，还会收到250 封电子邮件。他们没有空白的时间可以减速和思考，他们感到遗憾的是，觉得自己在做人（human doing），而不是人（human being）。

有时候，从一个会议到另一个会议，以及浏览大量电子邮件都是人类的本能。但长时间这样做的风险是，你最终会说服自己正在做最好的工作。这类似于你认为自己可以坚持每周跑马拉松，并跑满 52 周，期望第 13 次马拉松长跑比第一次更强大有力，或者第 52 次马拉松长跑还能保持个人最佳水平。这是扭曲的想法。

无论你希望让组织进行什么样的转型，都要首先准备并进行个人的转型。任何人都没有办法绕过这个问题。在准备原则中，我想让你不仅为领导力转型做好准备，更重要的是，成功做到那些对你重要的个人转型。

为了让你减少一半获得成功所需的时间，你需要准备好应对变革型领导的现实。具体来说，你需要学习：迎接障碍和阻碍；成为你想象的榜样；跳出安全、舒适、已知和可预测的圈子；做好准备并向 16 世纪的僧人学习。下面我们会详细地介绍每一点。

你最大的困难和障碍是取得最大成功的途径

最大的成功隐藏在你最大的失败和障碍中。你相信吗？让我解释一下：每当你发现自己在现实目标的过程中陷入困境时，这些阻碍或障碍一旦得到解决，你就会取得更大的成功。这是明智的，对吗？既然你每天都可能遇到困难和障碍，那么，阻碍你取得更大成功的不是困难本身，而是你面对困难时的思维方式，也就是说，为自己以及合作的人培养激情、创新和成长的思维方式，将成为克服困难和障碍的催化剂。这是你需要做好准备的第一个领导领域。

然而，准备好取得成功需要一个关于困难和障碍的新参考框架，一个欢迎困难和障碍的参考框架，因为它们能帮助你实现以下内容：

①测试你的耐力；

②确认你知道的内容以及你仍需要学习的内容；

③成为他人的榜样。

让我们更详细地了解每一个细节。

1. 测试你的耐力

想想 1970 年救援阿波罗 13 号的故事。他们花 50 个小时执行任务，离地球 20 万英里（约 32 万千米），还发生了其他一些非常糟糕的事情。在任务控制中心要求机组人员打开一个氢气和氧气罐搅拌风扇的几分钟后，他们听到一声让所有人后背发冷的声音。一声响亮而无预料的爆炸导致了太空舱的力量波动以及太空船推进器的失火。

问题是短路后的第二次氧气罐爆炸。由于动力有限和生命必需资源耗尽，机组人员不得不放弃在月球上着陆的计划，转而使用月球模块作为他们的生命线。工程师被授命将宇航员安全带回家，他们全天候工作，试图弄清楚如何为宇航员提供氧气、电力，并制定出返回地球的计划。

在那次不祥的爆炸后的第四天，阿波罗 13 号在月球周围飞奔，并成功地在地球上着陆。他们的回归被誉为世界上前所未有的工程成就之一，不仅震惊了宇航员，也震惊了整个世界。这次救援是困难重重，也测试了 NASA 工程师的耐力。这个事件重新塑造了任务的可能性，而不是取消其他任务，它使得阿波罗计划能够继续推进。

如果说嵌入每一个困难和障碍里的都是最伟大成就的种子，这一点都不夸张。在与联合创始人史蒂夫·沃兹尼亚克意见不合后，史蒂夫·乔布斯被苹果公司赶下台。乔布斯从来没有预见过这个情况，后来他却认为自己从苹果公司被解雇是最好的事情。乔布斯直面这个困境，把工作重心转移到了 Next 公司和皮克斯的项目上，最后以 74 亿美元的价格将皮克斯卖给了迪士尼。在他回到苹果公司之后，他将苹果公司的市值从 1997 年的 30 亿美元提升到 2011 年的 3 500 亿美元。他并没有悄悄地在深夜里坐在角落，为生活中的挫折感到惋惜。相反，他全身心投入其他项目，并有目标地梳理他的工作动力和能量。

2. 确认你知道的内容以及你仍需要学习的内容

困难和障碍的一大优点是它确认了我们所知道的以及我们不知道的、需要学习的内容。在 NASA 的例子中，想象一下，当得知阿波罗 13 号发生的灾难时，所有工程师都出现在会议上，每个工程师都会列出对这种情况的了解。这种情况下需要氧气、推力（以保持物理和月球模块的功率），并且由于缺乏食物和能量，他们需要易于执行的指令。这种情况可能导致另一个他们不知道但需要找出的问题清单。为了在将这些宇航员带回家方面取得进展，我们现在还需要解决什么问题呢？

在这方面，障碍是令人愉快的，在各种形式的逆境中，你会知道如何解决或修复问题。但是，有些事情你可能不会知道如何解决或修复，这将需要你学习新的东西，扩展你的知识领域，以及通过加强与不同的人群合作的能力来找到最好的解决方案。

3. 成为他人的榜样

像你、乔伊和我这样的管理者都是榜样。人们会不断观察管理者，特别是在逆境中，不断观察并学习：在成功之路遇到障碍时，这些管理者会做些什么。当员工看到管理者以勇气、信心和承诺回应困难状况时，这些信息将以企业营销或人力资源部门无法传达的方式发送：这是我们作为组织或团队响应的方式。

关于榜样的重要见解是这样的：作为一个榜样，你应该欢迎并接受考验，因为当你经过测试并对抗逆境时，你会学到更多，远比你想象的要多，在领导力价值观和信念的传达上，你将成为组织的典范。如果你没有遇到过阻碍或障碍，你将永远无法为领导力提供精炼火力，不能有力地传达对你来说重要的事情，你也没有变得更好的迫切或渴望。你会沾沾自喜，满足于现状，保持不变。

为了让你成为一个变革型的管理者，你必须从工作中找到困难和障碍。坦率地说，如果你的思维方式是想要避开困难和障碍，那么你的领导力就会变得缓慢、松弛、缺乏灵感，坦率地说，你会像赛车道上的行人一样。

在我遵循的7个原则中，我所做的就是这样：当你发现并牢牢抓住一个想法、希望、梦想或抱负时，这就是一个改变游戏规则的行为。它改变了你在工作和家庭中的参与方式，它改变了你与员工和客户互动的方式，并且改变了团队和组织的绩效和结果。

但是对于许多人来说，由于企业营销部门对使命、目标和愿景的工作号召，大家对领导力的这种渴望会被遗忘。经过6个月的表达和传播，没有人能够记住它或以带有情感和引人注目的方式讨论它，所以它会以一个缓慢而安静的方式死去。

然而，当你以认真承诺的态度来对待目标原则时，你会更频繁地直面困难和障碍，将其转化为伟大的机会需要你的思维拥有更强大的清晰度和专注度。只有有了这种清晰度和对领导力的专注度，你的管理能力才能更具智慧，更少情绪化。是的，聪明很重要，但要克服重大困难，你和你的团队必须关心比自己更重大的事情，是金钱、利润、市场份额等之外的东西。是的，金钱、利润、市场份额等虽然很重要，但变革型管理者应该追求更加高尚、令人振奋和有意义的事物。

在下一节中，我们将看看准备不充分为什么是失败的丧钟，以及你需要制定什么计划才能成为变革型领导。

离开安全、可预测和已知的舒适圈

慢慢地你会发现自己正在做的事情不再有效。我与技术高管合作已超过 10 年。对他们来说最难的事情之一是离开他们享受的技术工作。他们因为编程的乐趣或技巧进入了技术领域，并且已经迷恋于编程或其技术的复杂性。虽然热爱并擅长是工作成功的关键，但他们却忽视了技术为组织带来的商业价值。

当我建议他们忘记他们的技术，而是专注于他们技术的商业和经济价值时，我会得到一个目瞪口呆的表情。你可能会认为我在让他们把自己的孩子丢弃到孤儿院。他们所经历的分离焦虑源于他们内心的价值认知。

如果他们是技术专家，他们将被视为有价值的、成功的人。当我要求他们专注于技术投资的商业和经济价值时，他们不知道如何做到这一点，他们从未学过如何计算技术支出的投资回报率，所以会有反对、呆住或逃避的回应。重要的是，在他们知道如何做我要求的事情之前，直到他们看到这样做的价值，他们都会坚持待在已知、安全的舒适圈，不愿意离开。

医疗保健也是如此。我有几个是医生和护士的客户，他们只通过他们的专业或实践领域的棱镜来看世界，从不考虑实践领域对整体业务的影响。在高等教育中也可以发现同样的情况，许多教授从未离开过安全和舒适的象牙塔，不知道什么才是工作环境中的最佳利益。

那么为了离开已知和可预测的舒适圈需要做些什么呢？如果你想获得你梦寐以求的成果，那么就要准备好面对领导力的考验，并认识到以下 4 个关键的动力，以用来离开安全、舒适和已知的圈子。

1. 梦想

写这本书的动力是为了促使你更深入地思考领导力，并通过你的思想与能力将你的工作从只是一份工作转变为将之与你最重要的计划联系起来。毫无疑问，我的梦想是让你成为在工作环境中蓬勃发展的管理者。但这不可能随意发生，只有当管理者不再满意或满足于他的工作现状时，它才能有目的地发生。

当你有职业梦想时，有时可能会感到很大的不满。不满意表明你的梦想有遭到挫败或失败的风险。如果你从未对你现在的状态或你周围发生的变化感到不满，要么你的梦想太小，要么你对现状有前所未有的宽容。当你对裤子的尺寸感觉不满意或对衣服的合身情况感到危机时，你会节食；当你对当前车辆感到不满意或者驾驶新车型的梦想贯穿你的脑海时，你会买一辆新的车。我们每一个不满都源于我们的梦想。

领导力也是如此。你对领导的哪一部分不满意？你认为领导层中哪些部分需要以不同的方式来体现，以便你可以更多地享受工作并对其他人产生更大的影响？不满意不是消极的，它是你追求更大梦想需要的催化剂，它会督促你离开舒适圈。

2. 选择

我们每个人都有可能会堕落或者上进。这是我们可以做出的选择，而且是我们自己的选择。你今天选择哪个？选择上进发展需要勇气。勇气来自法语单词 coeur，意思是“心脏”。正如约瑟夫·坎贝尔在《神话的力量》中所说的那样，你选择走出安全、舒适、熟悉的空间，去到未知领域，这是一个英勇的选择。你可能会感到不满，甚至不情愿地迫使自己在已知和安全之外的领域冒险，即使没有清晰的路径，也要追求不同的东西。

不满意促使我们明白维持现状不再是一种选择，让我们即使面对未知的情况，也能在信仰和勇气的支持下，选择向未知的方向前进。变革型领导的过程绝不是线性的，这个过程需要这 7 项原则。每一项原则都可以帮助你变得更加勇敢，从而避免你忽略过去的目标，促使你在未来取得成功。

3. 信念

我们要明确一点：要成为一个变革型管理者，你必须相信自己不是受害者。你有能力做出决策、制定计划、学习新技能并拓展经验，从而对组织、客户和员工产生价值。几乎没有例外，组织中的高级管理者都会相信某些事情，并且在他们的角色、范围或影响方面有目的地创建他们想要创建的内容。他们相信所设想的是可能的，并且有责任创造它。

在与星巴克合作时，一位高级副总裁告诉我关于创始人兼首席执行官霍华德·舒尔茨如何开始在星巴克担任营销经理，并在 4 年后因为与业主意见不合而离开了自己的咖啡公司的故事。他相信离开并创办自己的公司会更好。4 年后，他从原来的所有者那里买下了这家公司，现在全世界有 25 000 家星巴克咖啡店。

这个故事是为了告诉大家：是什么成就了今天的星巴克。星巴克由一位首席执行官领导，他认为应该避免那些不正确且没有潜力做好工作的情况。霍华德·舒尔茨的离开有风险吗？当然。有好处吗？当然。霍华德·舒尔茨的大量资本是一种信念，即他所选择的生活绝不是由环境决定的。他相信并选择以他更有控制力和影响力的方式过自己的生活，而不是将其委托给他人。你的所有决定都会像霍华德·舒尔茨的决定那样为你带来好处吗？实际上，是的，它们会的。只是看起来有所不同而已。

如果你有梦想，愿意去选择并相信它，那么你极有可能会在安全、舒适圈之外活动。接下来的承诺是要不断地将一只脚放在另一只脚前，而不需要保证或知道一切都将是完美的。这些会让你每天都取得对你来说重要的和振奋人心的进步。同时，这也需要第四个关键的动力。

4. 行动

到目前为止，你有什么想法会促使你做出不同的、可怕的、大胆的或令人兴奋的事情吗？领导力主要是一种独立活动，因为没有人可以代替你的梦想、选择或相信。你必须自己做所有的这些事情。但是，一旦你敢于去想，敢于做出决定，并培养出一种不可动摇的信念，每天做一些事情就会让行为变得更加自然。每个成功的管理者都更倾向于采取行动——坚持每天采取行动会使你更接近成功和满足。

我的经验是，最缺乏供应量的激励因素是梦想和信念，有最大供应量的是行动。这就是许多领导人面临的困境。他们发现自己被迫采取行动，但并没有明确自己的梦想，也还没有培养出成功所必需的信念。想到今天大多数领导人所面临的难题，我并不会简单地对待它，也不会逃避困境。变化的速度快到让大多数管理者感到头晕目眩、不堪重负。

你打算做什么？你应该为突破做好准备。如果你喜欢在工作上取得突破，想让这种突破在专业工作中取得意义，那么让我帮助你在突破之前做好准备：细分。在突破之前，常见的做法是沟通、资源分配的细分，员工或管理者信任和尊重的细分。无论你想在哪个方面取得突破，都需要克服最大的障碍：离开安全和舒适圈，并开始冒险历程。

虽然你的突破在改进领导的7项原则的帮助下会变得更容易，但在下一部分中，你还需要学习一个过程，即实现梦想、选择、相信和行动框架，并使其成为日常工作生活的一部分。

不做准备意味着准备失败

不做准备是变革型领导的丧钟吗？是的，但不是以你习惯的方式。我所倡导的计划是规划个人转型，以此引导你所希望的组织转型。

在目标原则中，我说过明确你的目的与通过有色眼镜看生活不同。关于目的、意义和重要性的问题，不是软绵绵的问题，而是我的客户勇敢地挑战自己的强硬战略生活问题。

对于你们中的大多数人来说，每日击破的待办事项清单迫使你与生活做交易，导致你从未计划过最有价值和最丰富的生活。因为不在计划中，所以它不会发生。

在工作或在个人生活中实现了非凡成就的人，一般都有一个清晰而有说服力的计划来实现对他们来说重要的事情。在本节中，我想介绍将理论转换为可操作行为的后续步骤。但有一个问题：我不相信有一个“一刀切”的规定可以规划你的领导力。是的，7 项原则已经存在了数千年，并且既有正面的影响也有负面的影响。毫无疑问，我确信一旦拥有一个你相信的领导计划和对你有吸引力的目标，你就能够弄明白自己的领导力计划。

所以，在本章中我并不是舞台上的圣人，直接把写有 10 个策略的石板交给你，引导你想要进行的组织转型。相反，我尊重你的智慧和承诺，并作为你身边的向导，作为一名陪伴者，和你一起走向成功的道路，我将与你分享我最成功的客户（也可能是霍华德·舒尔茨）为计划个人和组织变革所做的工作。因此，你将获得后续步骤的想法，你可以通过适合自己的方式进行个性化地安排。

准备原则具体说明了成功管理者在其他 6 项原则之上做了什么。变革型管理者的以下 3 个特征是不断传输到领导组织的日常工作中的。

1. 变革型管理者会觉醒

变革型领导人计划中的第一件事情是觉醒。当然不是早上睁开眼睛然后起床，而是他们认识到自己的希望、梦想和抱负，他们能发现自己对他人产生的影响，清楚自己什么做得好，什么做得不好，以及要做些什么来改善。从这个意义上来说，觉醒是管理者通过不断观察对他们最重要的人的眼睛，并清楚地看到自己的活动、行动和思维方式的过程。

他们认识到其他人对他们的电子邮件、语音邮件和会议的反应。他们也在逐步认识到员工的动机和习惯是什么。例如，他们认识到这样一个事实，即当组织中最资深的高管参加他们的会议时，员工会过于紧张，以夸大的方式描述他们的工作。变革型管理者会意识到他们的行为对其他人的影响，这会是提高业绩或绩效下滑的催化剂。

2. 变革型管理者会成长

当变革型管理者成长时，他们会对自己的行为及其影响承担百分之百的责任。他们不以任何方式或形式回避他们有责任的事实。反过来，他们对自己的行为和决定承担全部的责任，并且愿意这样做。他们已经逐渐认识到人们会不断地观察他们，并对他们应该做些什么以及他们应该如何表现提出线索。

他们在成长中也意识到这样的事实，许多员工不喜欢被追究责任，以及管理者的主要工作之一是树立模范和讲述事实。这对变革型管理者来说不是理论上的，而应该是每天和每周的行为。

3. 变革型管理者会参与

参与并不仅仅是指人出现，而是指在精神和情感上的参与。通过参与，变革型领导人可以意识到实现其目标所必需的优先事项和承诺，以及应该执行的项目。他们会以身作则，以直接和有力的方式发送管理者的信息。

变革型管理者认识到他们唯一的工具就是他们自己。这个思想既是一种解放，也是一种束缚。你是两种结果的载体：非凡的表现和普通的表现。通过你的行动，人们将会知道你的立场、价值、希望和奖励。对于变革型管理者来说，参与的过程永远不会结束，虽然他们并不希望这样。

变革型管理者认识到做转型工作不是数字游戏，也不是A点到B点的直线关系。有些迂回路线甚至偶尔会让管理者走上死路，虽然很多人可能认为这是浪费时间，但是变革型管理者认为这些绕路可以为持续学习者提供绝佳的表现机会，学习者渴望通过成功和失败的经验进行创新和成长。

为了让计划成功，你需要不断地调整、成长和参与。如果你不接受这种情况，那么生命就是一个充满意外结果的旅程。准备原则不是关于如何具体管理你的日程表，而是向你强调每天生活的目的，对于优先事项和承诺，你必须有目的地做出选择，否则成功将不会发生。关注你的领导能力以及个人生活，你的人生就是你的计划之一。

变革型领导力检验

1. 我今天在哪里创造了最大的价值或幸福?

每天，你都有机会和责任在你的员工和客户的心中植入有价值或幸福的东西。确定你今天创造价值或幸福的一种、两种或3

种方式。随着时间的推移，你将更清楚地看到自己的职业生涯，这将为你灌输更大的信心和勇气，给你带来更多的信誉和人脉。

2. 今天在哪一时刻我最投入？

管理者往往生活在过去，并且生活在数周、数月，甚至数年前的事件中。这使他们生活在恐惧中，害怕重蹈覆辙。或者，他们生活在未来，以至于他们与现在的重要见解和影响脱节。这个问题将你拉向当前时刻，以便了解你最投入的时间和地点。这是一个了解工作中哪一部分对你最有吸引力的一个强有力的线索。

3. 今天有几个最关键的事件或经历，我对它们的反应是什么？

变革型领导力检验的这一部分是让自己变得真实。它要求你从当天筛选出 2~3 个事件，并明确回答你对它们的反应。这个不是自说自话的问题，而是一个非常重要的提高自我认识的问题。记住苏格拉底关于认识自己的警告，这就是这个问题的意图。

4. 我后悔今天哪里没有发挥我的最高潜力？

我们要诚实面对自己。当天会有部分时间并不顺利，或者我们做了一些或说了些对他人有负面影响或损害我们声誉的事情。当我们能够清楚地看到这些事情并承认它们时，我们就会负责任地生活。随着时间的推移，你可能会逐渐看到你的缺点，并借助其他原则，在教练或导师的帮助下设计减少或消除它的策略。但是，首先你需要看到并承认这个缺点。谨慎一点，这个问题可能带来最糟糕的批评者，可能会打击你的自信心。我们可以通过关注赞美原则来避免这种情况。

5. 我为创造什么样的明天而感到兴奋，为什么？

这是大多数人喜欢的一部分内容。他们是行动导向的管理者，想要进行并做一些规划。是的，它能够让你知道随着时间的推移我们会创造什么，但只有当你明天的计划得到明确的制定时才有可能会成功。说出你想要创建的 2~3 件事以及它对你来说重要的原因。

你对这些问题的反应是什么？你认为它们对你有帮助、有价值或者具有挑战性吗？还是觉得它们在浪费时间、自说自话、妨碍你做更重要的工作？

无论你的反应是什么，记住这一点。这些问题不是时间浪费。它们是性能加速器。你所领导的人最想要的是信任你、尊重你，并与你建立有意义的个人联系，这样他们就可以与你并肩作战，创造一些吸引眼球和变革性的东西。他们希望和你建立这样的关系，但除非你信任、尊重他人并自我相信，否则你无法满足他们的期望。变革型领导力检验将帮助你建立联系，通过这样做，转变你的领导力，并创造一种创新和成长的思维方式。

在本章的所有内容中，我向你介绍了开启领导力探索活动所应该做的准备，每个准备策略都有变革型领导力的检验部分。在结束语中，我将和你面对面坐下来，向你提供如何整合所有原则的建议，让你走上个人和组织转型的道路。

结 论

那么你现在做什么？这是一个神话般的问题，我不会掉以轻心。如果你和我坐在一起喝咖啡，我就有机会分享我认为最有价值的智慧之词，下面就是我想要说的。

请记住，如果你自己没有成功，那么你使员工或客户蓬勃发展的可能性就非常小。正如航空安全公告一样，你需要先戴上自己的氧气面罩。我会告诉你先为自己戴上氧气面罩，并承诺个人的发展和成功。采用目标原则并将概念往前推进一大步，只需要找到一个想法、希望、梦想或愿望，抓住它，永远不要放手。

我会告诉你做出决定。做出关于你的优先事项以及对最重要的人做出承诺的决定。我会告诉你，你所做的承诺和优先事项将定义你的为人，成为个人品格的支柱。我想提醒你，优先事项和承诺与你在目标原则中所阐述的内容直接相关，而且你会有能力每天选择自己的生活质量。你不是一个受害者，也不需要控制整个宇宙，但是你有一个美好的生活，所以你每天都要谨慎选择。

专注于价值创造。忘记你的方法论、技术术语、生活、呼吸，用尽一切努力去感受客户体验。我提醒你，最重要的是让人们的生活更加轻松。当你这样做时，不仅你的员工和客户的生活会更有价值，你的生活也会如此。

请记住，在每次的会议、电子邮件或其他互动中，你都有机会说服某人为你提供支持，让他们接受让员工和客户蓬勃发展的建议。我会看着你的眼睛，提醒你要为人们的生活带来价值。你应该充满热情地接受这个责任，因为通过你的目的、承诺、优先事项、学习和成长，你可以创建一个志同道合的工作社区，在这里大家会取得惊人的成就。

我会告诉你要成为社区和关系的催化剂，你要有目的地帮助人们培养工作的思维方式而不是工作方式。将你对赞美原则的见解融入生活中的每时每刻，并有目的地帮助人们建立自信，你就能把希望和乐观投入到他们的工作生活中，让他们蓬勃发展。你要成为希望、乐观和赞美的典范。

我也会告诉你永不放弃。有一些工作只有你能做，工作场合中有时候格外需要你坚持所发现的高尚和令人振奋的东西。永远不要忽视这一点。在组织的每个角落，人们都在关注你所做的事情，并且面对逆境——逆境可能会让你筋疲力尽，但你要坚持不懈地一步一步往前走。你的才能很重要，但坚持才是使你成为真正改变游戏规则的人。

我还建议你关注准备原则。通过变革型领导力检验，你可以快速了解自身的领导能力、对你最重要的人的关系，以及你在生活的各个方面所产生影响的洞察力和智慧。准备原则是变革型领导的中心，所有其他原则都源于此。你需要做好准备，进行一次变革之旅。在旅程结束时，你需要准备好回顾那段旅程，并以任何方式、角度、态度或形式来重塑、完善它。正如我所说的，你需要选择你想要的个人生活以及职业生活。

我要对你说的最后一件事是：爱是你和我拥有的最具变革性

的情感。爱推动了我们，它改变了我们。所以请爱一个想法、希望、梦想或抱负，爱你的员工、客户，爱上做有价值的工作，爱上充满希望和乐观的态度，无论去哪里，爱上赞美人们，爱上在压倒性的逆境中前进的痛苦和不适。而且请爱上这样一种观念，即每一天都可以是促进个人职业成功发展的一天。随着人类的繁荣，世界需要更多人充满爱和激情。你同意吗？

致谢

这一部分不是写给读者的，是为了让作者感谢那些在写作过程中帮助他的人。请允许我在这里感谢一群非常特别的人。

首先，我想对我的父母说声谢谢。他们都是勇敢的人，选择在 1968 年带着两个孩子从苏格兰移民到了加拿大，后来又迁到亚拉巴马州的伯明翰。如果不是因为他们想要为自己，更主要是为孩子追求更好的生活，这本书就不会出现在读者手里了。他们两人都为我取得的这一成就感到无比自豪。

我要感谢我的导师和商业顾问艾伦·维斯。艾伦扩展了我的思维，并通过这样做，使我的生活变得从未想象过的丰富。艾伦，谢谢你教我如何勇敢、自信、慷慨地生活。是的，第二本书的写作正在进行中。

对于那些与我合作，将人力潜能转化为成果的客户，我感激不尽。你们给了我机会，让我把对变革型领导的理解带入到你们的工作环境——经常是不堪重负、超负荷运作、超额预定的工作场所，使你们在工作表现上有所改善，同时也促进人类繁荣。与你们的伙伴关系使我更加充实，谢谢你们。

我要感谢那些坚定我写作信念的朋友们。衷心感谢罗伯塔·马特森、琳达·波普、马克·罗杰斯、朱迪·陈和理查德·西特林。你们每个人都激励我成为一名作家，让我能够坚持自己的写作方式。我很荣幸能和你们一起成为出版作者，感谢你们的支持和鼓励。

感谢我的妹妹伊莉斯，她看到了我最好的一面，当我没有开始写作的时候就知道我能写出一本书。毫无疑问，你的信息是我在写这本书的时候收到的非常珍贵和信赖的礼物。

感谢我的伴郎罗伯特，你的智慧、信仰和洞察力对我有强大的影响。你的想法和观点出现在这本书的很多页上，尽管你并不能获得版税的一部分。

谢谢我同父异母的弟弟约翰·费尔金斯。当我感觉自己沉沦在工作和商业责任中的时候，我们成了朋友，你的友谊和鼓励也成了我的减压仓。你是一个伟大的父亲和了不起的顾问，我很幸运能够和你成为朋友。

感谢阿多尼斯·麦克尼尔。在我大声说出 7 个原则的想法并贴在肥皂盒上时，你已经接受了我太多次的电话攻击。你总是彬彬有礼、慷慨大方，不吝啬自己的关注和鼓励。你也是我同父异母的兄弟，可惜我没有你那样漂亮的外表。

最后，致我生命的最爱，艾莉森·莎伦。毫无疑问，每一个男人身边都应该有一个坚强、有力量、有爱心的女人拉着他走向未来。你就是我迈向未来的动力。我感谢你不断激励、鼓励我，不容置疑地告诉我，我有更远大的前程。如果不是因为你，这本书是不会出现的。感谢你的耐心、爱心和支持。